Ein Wort tropft vom Schirm

AF200399

Markus Eckert

Ein Wort tropft vom Schirm

SWR3 - Gedanken

Impressum

Bibliografische Information der Deutschen Nationalbibliothek:
Die Deutsche Nationalbibliothek verzeichnet diese Publikation in der Deutschen Nationalbibliografie; detaillierte bibliografische Daten sind im Internet über http://dnb.dnb.de abrufbar.

Lektorat: Markus Eckert

Herstellung und Verlag: BoD – Books on Demand, Norderstedt

ISBN: 978-3-7504-1000-8

Inhalt

VORWORT

„Und hier sind die Gedanken von Markus Eckert, evangelische Kirche…" – so kündigen die Morgenmoderatorinnen und Morgenmoderatoren die religiösen Beiträge in SWR3 irgendwann zwischen 9 und 12 Uhr an. Bewusst überraschend werden Sie ins Programm eingestreut: Jetzt kommt was von „Kirchens". Zwei Minuten, dann ist der Gedanke vorbei. Es geht alles schnell in der Popwelle des Senders. Wenn es gut läuft, dann bleibt auch was von den Gedanken hängen und begleitet einen in den Tag. Manches regt einen auch auf, aber am schönsten wäre es, wenn der Gedanke das Leben an diesem Tag etwas heller machen würde.

Vielleicht werden die Texte ja auch in dieser Form zu einer kleinen Überraschung am Tag – nicht gesprochen, dafür gelesen.

Für das Buch habe ich in meinen Texten gestöbert und sie ein wenig geordnet. Niemand gibt mir vor, was ich zu schreiben habe, also steckt in den Texten doch auch einiges von dem, was mich bewegt hat in den letzten 15 Jahren.

Für diese Ausgabe wurden die Texte leicht bearbeitet. Beim Zusammenstellen und Lektorieren haben mir Bianca Jahn-Hommen und Dieter W. Fried geholfen. Sigrid Erbes-Bürkle hatte die letzten Korrekturen eingefügt. Herzlichen Dank dafür.

Zu diesem Buch haben Spender die Druckkosten für die erste Auflage übernommen, so dass alle Gewinne der Jugendarbeit der Evangelischen Kirchengemeinde Oeffingen zugutekommen. Auch hier herzlichen Dank.

Besonderen Dank immer meinen Redakteurinnen Annette Bassler und Janine Knopp-Bauer, die meine Texte für SWR3 redigieren und sie polieren oder aus einem Ideenklumpen erst mal etwas machen, was einen Anfang, eine Mitte und einen Schluss hat.

Und immer: Lucie Panzer und Wolf-Dieter Steinmann.

Oeffingen, im Oktober 2019

EIN WORT TROPFT

Rüdiger redet und redet. Das Wetter? Schlecht und drückt ihm auf die Stimmung. Die Baustellen auf der Straße? Ein Horror morgens. Die Lehrer? Ach, die können doch nichts und fördern sein Kind nicht genug. Und jetzt auch noch der amerikanische Präsident. Schlimm, schlimm.

Ich kann mich gegen die schwarze Wolke kaum wehren, die Rüdiger ausbreitet, als wir gemeinsam unter meinem Regenschirm laufen. Alles ist so grau und nass. Die Welt ist schlecht und die Hölle sind immer die Anderen.

Nach einer halben Stunde Zuhören und Nicken gehe ich weiter und der Regen prasselt auf meinen Regenschirm wie eine kleine Massage. Das rhythmische Trommeln macht mich wieder ein bisschen lockerer und langsam holpert sich Rüdigers Redeschwall unterm Schirm raus. Aber ein paar düstere Worte bleiben hängen.

Der Regen trommelt weiter und da, aus dem Nichts: Ein Wort tropft mir vom Schirm: „Mehr als alles andere behüte dein Herz, denn von ihm geht das Leben aus." Ein Taufspruch, der mich vor kurzem beschäftigt hat. Jetzt ist er da, wie vom Regen geschickt durch die trüben Gedanken hindurch.

„Behüte dein Herz." Ja! Und behüte auch deine Ohren! Lass da nicht nur schlechte Laune rein, die andere dir machen, sondern auch das Prasseln des Regens, die Freude am Leben und gute Worte, die beflügeln und beleben.

Rüdiger habe ich fast vergessen. Ich schüttle mich - behüte mein Herz und lasse meine Ohren durch das Prasseln des Regens massieren.

FAMILIE - HIER BEGINNT VERTRAUEN

Ehepaare machen etwas, was eigentlich keiner mehr gerne macht. Sie beschränken sich. Sie sagen: „Mit dir will ich ein Leben lang zusammenbleiben. Ich habe mich entschieden und da soll auch nichts dazwischenkommen."

Dazwischenkommen kann immer viel, aber fürs Erste wollen sie das alle: Sich auf diesen einen Partner, auf diese eine Partnerin beschränken. Bemerkenswert: die Ehe ist einer der wenigen Bereiche im Leben, bei dem sich Menschen freiwillig und gerne beschränken.

Sonst erleben Menschen das oft als Beschneidung ihrer Freiheit. Viele US-Amerikaner wollen sich nicht beschränken, wenn es um Ihre Waffen geht. Sie verstehen das als ihr Grundrecht – egal wieviel Schaden dadurch entsteht. Und in Deutschland kämpfen viele um uneingeschränkte schnelle Fahrt auf den Autobahnen. Überall 130 auf der Autobahn – undenkbar. Denn noch immer heißt es: Freie Fahrt für freie Bürger.

Warum fällt es Ehepaaren leichter sich zu beschränken? Warum verzichten sie freiwillig auf ein Stück Freiheit?

Vielleicht, weil sie dadurch auch Freiheit dazugewinnen. Weil sie zum Beispiel nicht mehr suchen müssen. Oder sie merken: Zusammen kann man Sachen schaffen, die alleine gar nicht gehen. Auch das gibt Freiheit. Und macht das Leben leichter.

Sich einzuschränken kann lebensförderlich sein. Und das ist letztlich für mich entscheidend: Wenn es Leben fördert, bin ich gerne bereit, mich und meine Freiheit einzuschränken.

Bei Ehepaaren kann man das bisweilen gut beobachten, wenn sie ein Kind bekommen. Denn für dieses neue Leben schränken die sich noch einmal auf ganz andere Weise ein. Mehr als sie es sich bisher haben vorstellen können. Und das tun sie ganz freiwillig, vorsätzlich - und mit Freude.

Uli hat schwierige Eltern. Auch an seiner Hochzeit. Sie rufen dauernd an und reden viel und meckern noch viel mehr. Ständig wollen sie sich in Ulis Leben einmischen. Besonders schwierig ist die Mutter, der nichts recht zu machen ist und die vor allem seine Frau nicht leiden kann.

Ulis Hochzeit gestaltet sich dementsprechend schwierig. Wo setzt man die Eltern hin? Wie kann man es verhindern, dass etwas eskaliert? Sie befürchteten nämlich eine Szene, weil Uli den Namen seiner Frau annehmen will. An manchen Tagen war die Stimmung vor der Hochzeit zum Zerreißen.

„Einer trage des anderen Last, so werdet ihr das Gesetz Christi erfüllen." Das war schließlich der Trauspruch, und Uli meinte „Das gibt unsere Situation gut wieder. Wir haben Lasten zu tragen mit meinen Eltern, aber wir wollen es gemeinsam tun und es gemeinsam durchstehen und durchtragen. Wir heiraten nicht, weil wir abends etwas unternehmen wollen, sondern weil wir uns gegenseitig das Leben schöner machen wollen. Dazu gehört eben auch das Schwierige mitzutragen."

Ich finde, er hat den Nagel auf den Kopf getroffen. Eine Ehe ist manchmal auch ein gegenseitiges

Durchtragen und genau darin wird eben auch etwas von der Liebe Gottes sichtbar, der will uns auch das Leben schöner machen.

Die Hochzeit war dann ein schönes Fest. Es kam zu keinen Skandalen. Seit dem haben sich Ulis Eltern nicht besonders verändert. Aber Uli und seine Frau haben sich verändert. Sie gehen gemeinsam und offensiv mit dem Problem um. Sie tragen die Last gemeinsam.

Seit gefühlt drei Stunden sitze ich mit meiner kranken zweijährigen Tochter beim Kinderarzt. Sie ist mit den Nerven am Ende und mir fällt auch nichts mehr ein, wie ich die Laune verbessern könnte. Ich trommle mit dem Fingern, genervt davon, dass ich total fremdbestimmt bin. Ich kann nicht das tun, was ich will – zuhause türmt sich die Arbeit. Aber was hilft es, ich muss mich wohl in Demut üben.

Demut ist ein verstaubtes Wort, aber an diesem Tag merke ich, was es heißen kann: Das annehmen, was einem von einem anderen vorgegeben wird. Demut heißt ursprünglich: Sich wie ein Gefolgsmann verhalten. Nun, meine Tochter führt in dem Fall, ich bin der Gefolgsmann.

Jesus selbst sagt von sich, er sei „von Herzen demütig." Ja, wenn das so ist, dann ist er gar nicht der Bestimmer, sondern er folgt mir nach! Das wundert mich. Das heißt ja: Jesus lässt sich von mir fremdbestimmen. Dabei habe ich immer gedacht, es geht vor allem darum, dass ich Jesus nachfolge.

Aber wenn ich krank bin, wie meine Tochter, kann ich ja gar nicht folgen. Im Gegenteil, wenn jemand mir helfen will, muss er ja tun, was ich will.

Demut muss man wohl lernen. Manchmal durch Kinder, manchmal durch Menschen, die man pflegt. Die Anderen sind im Mittelpunkt – nicht ich. Die Anderen geben den Lebensrhythmus und das Ziel vor – nicht ich.

Der Arzt hat sich um meine Tochter gekümmert. Sie hat ein Medikament bekommen dann lange geschlafen. Und als ich aufgehört habe mit den Fingern zu trommeln und ich gefolgt bin, wurde alles leichter.

Bis ois plärrt" so geht es oft bei meinen Kindern zu. Was anfangs eine lustige kleine Rangelei war, an der auch beide ihre Freude haben, artet irgendwann aus. Eben „bis ois plärrt". Als Eltern kann man dann sagen was man will, aber die Kinder hören einfach nicht. Sehr ärgerlich!

Aber mit Kindern hat das gar nichts zu tun. Auch Erwachsene können sich nämlich so verhalten. Sturköpfe weichen keinen Millimeter, bis der Familiensegen komplett schief hängt. Und manche rücken nicht raus mit ihren Problemen, bis sie das Burnout oder die Depression geholt hat. Und dann?

Ich denke dann auch oft: Selbst Schuld. Jetzt musst Du allein damit klarkommen!

Bei Jesus höre ich das allerdings nicht. Wenn jemand plärrt, dreht er sich nicht um und geht. Eigene Schuld hin oder her. Ob jemand sein eigenes Leben besonders vorsätzlich verpfuscht hat oder nicht. Jesus erzählt lieber davon, dass es da einen Vater gibt, der den verlorenen Sohn wieder aufnimmt. Der dreht sich nicht weg, wenn der Sohn weint, sondern der sieht, dass der Sohn plärrt, weil es ihm dreckig geht. „Bis ois plärrt!" Das hört wohl nie auf. Aber Tränen zeigen nicht wie blöd man ist, sondern wie weh einem etwas tut.

„Ich habs ja kommen sehen!" „Selbst Schuld?" Vielleicht. Aber das kann später geklärt werden. Nach dem Weinen. Nachdem die Tränen getrocknet und man sich mit sich und den anderen versöhnt hat.

Weltweit gibt es in mehr als 70 Staaten Gesetze gegen homosexuelle Handlungen - in sieben Staaten droht die Todesstrafe. So sieht es immer noch aus, obwohl die Weltgesundheitsorganisation am 17. Mai 1990 beschlossen hat, Homosexualität ist keine Krankheit.

Aber das Thema ist noch nicht durch. Nicht hier in Deutschland und auch nicht für mich. Ich habe nämlich schwule und lesbische Freunde und Freundinnen. Und ich denke: Sind auch Kinder Gottes, basta. Und weil es meine Freundinnen und Freunde sind, leide ich mit ihnen, wenn sie mal wieder blöd von der Seite angemacht werden oder ihnen in Leserbriefen oder im Internet die Würde abgesprochen wird zu leben.

Und mir ist aufgefallen: Eigentlich habe ich nie anders gedacht. Aus dem einfachen Grund, weil ich in meiner Familie nichts anderes gelernt habe.

Meine Eltern hatten immer schon homosexuelle Bekannte, die zum Freundeskreis dazugehörten. Ich kenne sie, seit ich klein bin und habe mich nie darüber gewundert. Sind auch Kinder Gottes, basta.

Ich bin dankbar, dass ich so erzogen wurde und ich kenne andere, bei denen war oder ist es genauso. Sie haben von Kindesbeinen an gelernt: Schwule und Lesben gehören zum Leben, gehören zu mir und das ist im Grunde völlig normal und nichts, was irgendwie wundersam oder komisch wäre. Ein Thema bleibt es aber doch noch, weil es eben immer noch körperliche und seelische Verfolgung von homosexuellen Menschen gibt – weltweit und auch bei uns.

Sind auch Kinder Gottes, basta. Das will ich jedenfalls meinen Kindern auch ins Leben mitgeben, wie es mir schon als Kind mitgegeben wurde.

Väter bringen ihren Söhnen etwas bei. Ob sie wollen oder nicht. Denn die Söhne orientieren sich an den Vätern. In einem kleinen Ratgeber über Väter und Söhne lese ich also: „Behandeln Sie seine Freundinnen mit Respekt und sorgen Sie dafür, dass er das auch tut."

Väter bringen ihren Söhnen bei, wie das geht zwischen den Geschlechtern. Und im Grunde ist es ja ganz einfach: Schon in der Bibel steht ganz am Anfang der Grundsatz, dass Männer und Frauen gleichberechtigt geschaffen sind, nach Gottes Bild. Und auch später haben die Christen nochmal betont: In der Gesellschaft der Christen spielt die Frage, ob jemand ein Mann oder eine Frau ist, eigentlich keine Rolle.

Eigentlich! Denn dann fanden die Männer es wohl doch ganz praktisch, dass sie die Hosen anhaben. Und weil sie die Stärkeren waren, konnten sie ihre Vorstellungen vom Patriarchat besser durchsetzen. Mit Gewalt. Und bis heute spielt Macht und Gewalt immer noch eine Rolle zwischen Männern und Frauen.

Und gerade deshalb haben Väter eine ganz schön große Verantwortung. Und es ist wohl auch mal gut, das so klar zu lesen, wie in diesem Ratgeber. Denn letztendlich sind es wir Väter, die dafür verantwortlich sind, wie die nächste Generation Männer so wird. Und weil ich auch eine Tochter habe, liegt mir sehr viel daran, dass die nächste Generation Männer eine gute wird.

Aber das bedeutet: Wir Väter müssen ran, um unseren Söhnen ein gutes Vorbild zu sein. Und das heißt konkret: Sich genauso dem Spagat zwischen Familie und Beruf stellen, wie berufstätige Mütter das oft tun. Und sich nicht gleich auf die Schulter klopfen, wenn man mal den Frühstückstisch gedeckt hat. Und grundsätzlich: Selbst auch zurückstecken. Eine große Aufgabe, finde ich.

Aber auch dazu weiß mein Büchlein einen Rat: Ausgerechnet in der Abteilung „Jungen und Religion" steht nämlich der Satz:" Sagen Sie ihrem Sohn, das Selbstmitleid Zeitverschwendung ist!"

Die Zimmer der Kinder sind das reinste Tohuwabohu, auf dem Esszimmertisch ist nichts aufgeräumt und in der Küche steckt noch ein

Messer in der Butter, als sollte sie erstochen werden. Jetzt reicht es! Diesmal müssen die Konsequenzen hart und unerbittlich sein. Also Zimmer aufräumen, eine Gardinenpredigt von der allerfeinsten Sorte und schließlich: Eine Woche Fernseh- und Handyverbot. Die sollen uns kennenlernen!

Aufräumen funktioniert mit angeklappten Ohren und ein wenig schuldbewusst. Und das Verbot steht... wobei das - ehrlich gesagt - auch für uns ungelegen kommt. Es ist Freitagabend – traditioneller Fernsehabend mit den Kindern. Und jetzt?

Na, dann eben Spiele spielen und basteln. Und zur späten Stunde hat Papa die Idee, allen Jim Knopf vorzulesen. Wollte er schon immer mal machen. So lange bis die Kinder auf dem Sofa einschlafen. Ich gebe es nicht gerne zu, aber was eigentlich als Strafe und Denkzettel gedacht war, das wurde ein superschöner Abend. Blöd auch.

Ich muss an den Theologen und Pfarrer Dietrich Bonhoeffer denken, der hat mal gesagt: „Ich glaube, dass Gott aus allem, auch aus dem Bösesten, Gutes entstehen lassen kann und will."

Es war nun wirklich nicht das Böseste, was uns passiert ist. Ich bin froh, dass ich „das Böseste" nicht erleben muss! Aber so eine kleine Verwandlung hat die ganze Familie erlebt. Aus der schlechten Stimmung, dem Streit und der Strafe ist was Gutes geworden. Wir haben Zeit miteinander verbracht und genossen, als Familie zusammen zu sein. Und für mich heißt das: Gott kann eben auch aus kleinen Übeln was sehr Schönes machen.

Für manches kann man gar nichts und ist doch verantwortlich. Die Bibel drückt sich da so aus: Gott bestraft einen Schuldigen bis in die dritte oder vierte Generation.

Das klingt hart, aber ich erlebe das manchmal selbst, und zwar an meinen Kindern und mir. Wenn ich meine Kinder beobachte, erkenne ich an ihnen Verhaltensweisen, die sie nur von mir haben können. Die einen finde ich lustig, die anderen gar nicht. Im Gegenteil: Manchmal schäme ich mich sogar dafür. So gesehen, spricht die Bibel keine Drohung aus, sie beschreibt nur, was ist. Manches vererbt sich eben von Generation zu Generation. Nette Seiten genauso wie schlechte Eigenschaften, Ängste oder Zwänge.

Das ist im Kleinen wie im Großen so. Als ich einmal mit meinen Kindern im Schwimmbad war, begegneten wir in der Umkleidekabine einem Mann. Ein Arm fehlte und ein Bein war sichtbar zerschossen. Als meine Kinder ihn sahen, waren sie erschrocken und wollten wissen, warum der Mann so aussieht. Er sagte: „Das ist vom Krieg, aber das will ich gar nicht erzählen." Aber meine Kinder haben nicht locker gelassen, also musste ich erzählen, obwohl ich gar nicht wollte. Das Thema war jetzt einfach auf dem Tisch. Und es kam wieder, als wir im Urlaub ein Kriegerdenkmal gesehen haben. Warum gab es diesen Krieg? Was hat der Mann gemacht? Und dann muss ich Kindern im Grundschulalter erzählen und erklären. Muss einen Weg finden, sie altersgemäß zu informieren. Will sie nicht erschrecken, will aber auch nichts beschönigen. Es ist ein schmaler Grat, den ich da gehe. Ob ich es immer gut hinbekomme, weiß ich nicht.

Aber da ist es wieder: Was zwei Generationen vor mir geschah, muss ich heute mit meinen Kindern bearbeiten und ich kann es nicht ändern. Die Geschichte ist zu groß.

Dafür kann ich aber vielleicht etwas im Kleinen ändern: Nämlich, dass ich versuche, *meine* schlechten Angewohnheiten, meine Ängste oder Zwänge nicht auf meine Kinder zu übertragen. Und ich kann versuchen, so mit meinen Fehlern umzugehen, dass sich nicht die dritte oder vierte Generation nach mir noch damit herumschlagen muss.

Es war einer von diesen typisch stressigen Tagen: Kinder antreiben, damit sie in die Schule und in den Kindergarten kommen. Ein voller Terminkalender bei meiner Frau und mir. Alles musste schnell gehen. Deshalb stimmten wir nur das Allernötigste miteinander ab. „Ich hol den Kleinen ab, die Große kommt selber von der Schule, ich bin dann zuhause und du gehst nach der Arbeit noch einkaufen."

Irgendwann sehe ich auf meinem Handy, dass mein Freund Basti angerufen hat. Ich wundere mich, rufe zwischen zwei Terminen zurück, aber jetzt geht er nicht dran.

Am Abend, meine Frau kommt gerade zur Tür herein, und die Kinder sitzen vorm Fernseher, klingelt das Telefon. Es ist Basti und ich freue mich ihn zu hören. „Mensch Basti, das freut mich aber, was gibts?" frage ich. Darauf Basti: „Ist ja sonst nicht so meine Art, aber in meinem Kalender steht was. Ihr habt heute Hochzeitstag! Herzlichen Glückwunsch, ihr beiden!"

Ich bin ganz baff! Sage es meiner Frau. Und wir freuen uns beide. Er hat recht: Heute haben wir Hochzeitstag. Und wir haben ihn beide vergessen. Komplett! Basti war an unserer Hochzeit mein Trauzeuge und ich finde, an diesem Tag hat er sein Amt vorbildlich ausgefüllt. Weil er uns erinnert hat: Heute ist ein wunderschöner Tag - auch wenn wir das noch gar nicht bemerkt haben.

Als wir uns versprochen haben, dass wir zusammengehören und alles gemeinsam durchstehen wollen, da war Basti dabei. Und jetzt hat er meine Frau und mich daran erinnert: was für ein Glück es ist, dass wir uns haben. Auch wenn es manchmal stressig ist.

Abraham war ein schlechter Vater. Ja, ein grausamer Vater. In der Bibel lese ich diese furchtbare Geschichte, wie er seinen Sohn Isaak opfern will, weil Gott selbst es ihm befohlen habe, heißt es später.

Immerhin: Abraham hat offensichtlich Skrupel. Er erfindet Ausreden für seinen Sohn und beschwichtigt ihn, als der auf dem Weg zur Opferstätte anfängt, unangenehme Fragen zu stellen. Aber Abraham reagiert nicht, wie ich es mir vorstelle, nach dem Motto: Meinen Sohn opfern, bei dir piepts wohl.

Nichts. Er gerät nicht in Zweifel, er fängt nicht an zu überlegen, ob das richtig ist, was er vorhat. Aufrütteln möchte ich diesen Roboter. Das kann doch nicht sein. Abraham hätte seinen Sohn geopfert, davon bin ich überzeugt. Er hätte, wenn ihn nicht ein Engel Gottes im letzten Moment zurückgehalten hätte.

Was für ein Vater, der seinen Sohn opfert, denke ich. Aber auch: So sind Männer manchmal, wenn von ihnen etwas gefordert wird.

Ja, Männer sind nicht selten bereit zu manchem Irrsinn: Doch noch eine Überstunde, obwohl die Ehefrau schon längst im Bett ist. Arbeiten bis zum

Zusammenbruch, obwohl der erste Herzinfarkt schon gewarnt hat. Und Kinder ins Bett bringen? Bin ich Hausmann oder was? Ein Opfer ums andere. Für die Firma, damit das Haus abbezahlt wird, für das Ego, für die Karriere.

Da wird Abraham für mich zu einer Warnung und ich denke: So will ich es nicht! Ich will nicht nur reagieren auf irgendwelche Anforderungen, die mir jemand stellt. Und wenn ich selbst nicht merke, was ich da tue, wünsche ich mir jemanden, der mich zurückhält. Damit ich nicht für irgendeinen Irrsinn das opfere, was ich am meisten liebe.

Bei Abraham und Sara will und will es einfach nicht klappen. Sie bekommen keine Kinder. Und das, obwohl es ihnen Gott immer wieder versprochen hat. Sara ist schon so verzweifelt, dass sie ihre Dienerin Hagar bittet, mit ihrem Mann zu schlafen. Hagar soll sozusagen Leihmutter werden. Eine alte Geschichte aus der Bibel, aber immer noch aktuell.

Denn bis heute ist es für manche Menschen ein Problem, Kinder bekommen zu können, trotz aller medizinischen Hilfe.

Und leider ist die Chance, mit Hilfe der Medizin schwanger zu werden, gar nicht so hoch, wie man es vielleicht glauben will.

Ein Mann, der in dieser Situation war, hat mir erzählt: „Jetzt verstehe ich erst, warum diese Geschichte von Abraham und Sara in der Bibel steht. Keine Kinder bekommen zu können geht an die Nieren. Es macht einen fertig. Du lebst nur noch von einem Eisprung zum nächsten... Spaß macht das alles nicht. Und ob Du gläubig bist oder nicht: Du fängst an zu beten und dich zu fragen, was du in deinem Leben falsch gemacht hast, wo du Gott so verärgert hast, dass dir so was passiert."

Und trotzdem, macht ihm diese Geschichte von Abraham und Sara Mut, wie er sagt. Zum Schluss bekommen Abraham und Sara zwar ihren Sohn, aber es ist nicht das, was ihn tröstet. Für ihn ist wichtig, dass es passiert, als Abraham und Sara schon längst mit dem Thema abgeschlossen haben.

„Mich tröstet das", sagt er, „Irgendwas wird passieren, wenn ich mit nichts mehr rechne. Wenn ich selber abgeschlossen habe. Ob ich nun Vater geworden bin oder nicht. Es wird etwas passieren, und wir werden glücklich und dankbar sein, wenn wir nicht mehr zu hoffen gewagt haben, das sagt mir die Geschichte von Sara und Abraham."

Klassentreffen. Meine Zeit! Zwanzig Jahre ist das her! Aus Jungs und Mädels sind Männer und Frauen, Mamas und Papas geworden. „Jetzt sind wir also auch schon so alte Säcke!" Sagt mein Freund Mike. Und manchmal geht es mir genauso und ich erschrecke ein wenig darüber. Früher habe ich Leute über 40 als Gruftis bezeichnet, jetzt bin ich selbst einer.

Wir müssen uns erstmal updaten, was so alles in den letzten Jahren passiert ist. Vieles hat sich getan. Manche sind dicker, andere dünner geworden. Und immer wieder dieses: Weißt Du noch, damals auf der Klassenfahrt... Wir schwelgen in Erinnerungen und schütteln darüber den Kopf, dass die Zeit so schnell davongerast ist.

Seltsam, das was ich vor 20 Jahren so gefühlt und gedacht habe, ist immer noch präsent. Obwohl so vieles passiert ist: Schulabschluss, Zivildienst, Studium, neue Freunde, Ehefrau, Kinder. Irgendwann sind wir uns einig: Früher war einfach mehr Lametta. Partys, Tequila. Heute nippen wir an unserer Apfelsaftschorle. Ich denke kurz wie Mike: Will ich überhaupt alt werden?

Auf der anderen Seite: Würde ich jeden Tag noch von heftigem Liebeskummer gebeutelt oder müsste ich einen Rausch ausschlafen, könnte ich gar nicht mehr arbeiten und vorwärtskommen, mal davon abgesehen, dass ich ja inzwischen Verantwortung meiner Familie gegenüber habe, da muss einfach einiges funktionieren.

Von meinem jetzigen Leben will ich auch nicht abhauen. Vielleicht auch deshalb, weil ich denke: Es stimmt, was die Bibel sagt: Alles hat seine Zeit und: Meine Zeit steht in Gottes Händen.

Das heißt für mich: Ich muss nicht immer dafür sorgen, dass mein Leben ein Feuerwerk ist. Ich muss auch nicht darüber traurig sein, dass mein Leben manchmal öde ist. Die wilden Jahre sind genauso aufgehoben bei Gott wie mein Leben jetzt mit Beruf und Familie.

Aus Jungs und Mädels sind Männer und Frauen geworden. Tolle Männer und Frauen! Und das geht eben nur über das Älterwerden. „Jetzt sind wir schon so alt..." Ach Mike, Gott sei Dank sind wir das!

GEMEINSCHAFT –

TEILT GUTES LEBEN AUF DEM WEG

Wann fängt das Leben so richtig an? Darüber unterhalten sich ein evangelischer, ein katholischer Pfarrer und ein jüdischer Rabbi.

Der evangelische und der katholische Geistliche spekulieren darüber, wann eine befruchtete Eizelle nun als Mensch bezeichnet werden kann. Der Rabbi meint dagegen nur trocken: Das Leben beginnt, wenn die Kinder aus dem Haus sind und der Hund tot ist.

Als Vater von zwei kleinen Kindern frage ich mich aber doch, ob das stimmt. Also, was passiert mit mir, wenn die Kinder aus dem Haus sind und der Hund tot ist? Was für ein Leben soll dann anfangen? Immerhin gibt es Ehen und Familien, die zerbrechen daran, dass die Kinder weg sind.

Gut, wenn man da vielleicht eine zweite Familie hat! Von Jesus wird davon in einer drastischen Geschichte erzählt.

Einmal war er nämlich gerade dabei, mit einer Gruppe von Leuten zu reden. Da kommt einer von seinen Freunden und sagt: Du, deine Mutter und deine Brüder stehen vor der Tür. Die halten dich für meschugge und wollen dich zu sich nach Hause holen. Jesus hat sie aber abblitzen lassen. Und hat gesagt: Wer ist meine Familie? Die den Willen Gottes tun, die sind meine Familie. Jesu Mutter Maria und seine Brüder waren sicher nicht begeistert.

Drastische Geschichte, aber mir gefällt die Vorstellung, dass man über die genetische Verbindung hinaus eine Familie haben kann. Eine Familie, die Sicherheit bietet, aber auch die nötige Freiheit für einen selbst.

Schon immer gab es Klöster und andere Lebensgemeinschaften, die das gelebt haben.

Heute entdecke ich etwas davon in Mehrgenerationenhäusern. Sowas könnte ich mir vorstellen, wenn die Kinder aus dem Haus sind und der Hund tot ist. Eine Familie der Freiheit. Ob dann das Leben wirklich noch mal neu anfängt- na, wir werden sehen.

Kerstin macht, was ausgemacht ist. Und das schon seit Langem. Vor einiger Zeit hat sie mal die Aufgabe übernommen, bei Menschen vorbeizuschauen, die vor vier Jahren ein Taufkind hatten. Sie besucht die Familien und bringt eine Bibel oder ein Gebetbuch mit. Seit zehn Jahren macht sie das schon zusammen mit anderen und es ist ihr in Fleisch und Blut übergegangen. Wenn sie im Urlaub ist, sorgt sie selbst für Vertretung. Kerstin ist das, was man eine „treue Seele" nennt.

Oder Werner, der seit 20 Jahren die F-Jugend trainiert und aus nicht mehr nachvollziehbaren Gründen Bommel heißt. Die Kids finden Bommel cool, auch weil er kein Kind ohne dickes Lob nach Hause entlässt. Und mit heiligem Ernst jedes Mal klar macht: Nächste Woche brauchen wir dich wieder! Ist auch so eine treue Seele.

Wenn ich die Kerstins und Bommels frage, woher ihre Treue kommt, dann sagen sie: Weil es Spaß macht, weil man auch was zurückbekommt. Und das, obwohl sie manchmal zu dem Job gekommen sind wie die Jungfrau zum Kind. Oder weil sie nicht schnell genug auf den Boden geschaut haben – sagt Kerstin jedenfalls und lacht. Weil, hergeben möchte sie ihre ehrenamtliche Tätigkeit auch nicht – jedenfalls jetzt noch nicht.

Ohne diese treuen Seelen würde bei uns ehrlicherweise nichts funktionieren. Nicht nur in den Kirchengemeinden, sondern auch sonst in unserer Gesellschaft. Denn erst die treuen Seelen sorgen dafür, dass ehrenamtliche Arbeit über den Tag hinausdenkt und funktioniert.

Denn ob in der Kirchengemeinde, im Sport oder im Musikverein, es braucht treue Seelen, die über Jahre hinweg Erfahrung gesammelt haben. Die wissen, wo man nachfragen muss und die sich ein stabiles Netzwerk aufgebaut haben. Erfahrung, Wissen und Netzwerke bilden sich eben erst mit der Zeit und durch Treue. Deshalb also herzlichen Dank an alle treuen Seelen.

Eine Gruppe Jugendlicher sitzt auf dem Boden im Kreis. Man redet über einen Bibeltext und über die Taufe. Manche meinen: Die Taufe ist die Voraussetzung dafür, dass man in den Himmel kommt. Andere finden Taufe dafür ganz unwichtig. Die einen finden, dass man unbedingt an Jesus glauben muss. Die anderen bestreiten das. Jesus sei fürs Seelenheil nicht so wichtig.

Und ich als Pfarrer mittendrin. Eine spannende Diskussion. Weil die Jugendlichen ernsthaft ihre Argumente austauschen, weil sie versuchen, einander zu erklären, was sie meinen, weil sie jede Frage geduldig beantworten.

Zuerst habe ich gedacht: Seltsam, dass Jugendliche so heftig und interessiert über dieses Thema debattieren. Und manchen Beitrag fand ich fast erschreckend radikal und kompromisslos. Aber diese Gruppe als Ganzes, die wurde mir immer sympathischer. Weil ich gemerkt habe: Da sitzen welche zusammen und diskutieren in aller Ruhe so lange, bis sie einander halbwegs verstehen.

Was für ein Reichtum, habe ich gedacht. Und was für ein Glück, dass es das gibt:

Junge Menschen, die sich ohne äußeren Zwang im wahrsten Sinne des Wortes über Gott und die Welt austauschen, Respekt! Und wenn sie dabei sogar auf Fragen eingehen, die ihnen erst einmal blöde vorkommen, Chapeau!

Manchmal heißt es ja: Jugendliche reden viel zu wenig miteinander, hängen nur vor der Glotze ab oder dem Computer. Mag ja sein. Aber es gibt aber auch die Anderen. Bei uns in der Gemeinde jedenfalls und bestimmt auch anderswo.

Die sind nicht spektakulär in ihrem Verhalten wie die, die Randale machen. Die sitzen im Kreis und üben, wie das geht: Miteinander zu reden und dabei auch über sich selber nachdenken. Kann nicht jeder, auch als Erwachsener nicht. Gut, wer das schon in der Jugend einübt hat.

Gundula ist eine Alte. Jedenfalls in den Augen der Jugendlichen, weil Gundula schon in Rente ist und gerne Kirchenlieder singt. Aber Gundula ist sehr beliebt bei den Jugendlichen.

Sie arbeitet nämlich ehrenamtlich beim Junior Schüler-Methodenprogramm mit und zeigt da den Jugendlichen, wie sie zum Beispiel jüngeren Kindern ein Gruppenspiel erklären können und worauf sie achten müssen, wenn sie die Regeln erklären. Sie motiviert die Jugendlichen, und bringt ihnen bei, vor einer größeren Gruppe zu stehen und reden zu können, ohne dabei rot zu werden oder das Kichern anzufragen. Manchmal nicht einfach für 14jährige.

Gundula mag die Jugendlichen auch. Sie lacht viel bei ihren Treffen und dabei hüpfen ihre weißblonden Locken. Dass sie selbst nicht mehr die Jüngste ist, merkt sie an der „schaurigen Musik", die die Kids hören und manchmal findet sie sie einfach zu laut und zu frech. Aber wenn es sein muss, dann greift Gundula auch durch!

Aber, wie gesagt: Die Kinder mögen Gundula und hören ihr gerne zu, wenn sie erzählt. Von sich und wie es für sie früher war oder wie es für sie jetzt als Frau ist, die sich - wie man heute sagt - in der dritten Lebensphase befindet. Das finden die Jugendlichen tatsächlich interessant.

Ich lerne daraus, dass die Alten den Jungen etwas zu sagen haben. Und ich habe den Eindruck, das tut beiden gut und beide lernen etwas. Die Jungen bekommen etwas von der Lebenserfahrung der Alten mit. Und die Alten lernen, dass sie noch etwas weiterzugeben haben, dass sie gebraucht werden und zwar mit dem, was sie haben. Da muss sie sich nicht verstellen. Kirchenlieder singt Gundula immer noch gern und ist trotzdem bei den Jugendlichen beliebt.

Dass eine dreizehnjährige Konfirmandin mich trösten würde, hätte ich nicht gedacht. Und dabei war ich ganz schön niedergeschlagen. Man hat mir nämlich gesagt, was ich schon wusste. Ich würde immer mal wieder zu spät kommen. Außerdem hätte ich im Gottesdienst mal etwas verschusselt. Das konnte das alles schon nachvollziehen, aber wie es zu mir gesagt wurde, hat mich verletzt. Die Worte waren verletzend und außerdem lief alles anonym ab. Das hat mich noch hilfloser gemacht.

Und es hat mich mehr mitgenommen, als ich gedacht hätte. Ich stand völlig neben mir. Zum Konfirmandenunterricht hatte ich auf jeden Fall keine Lust mehr.

Tja, und dann kam meine Konfirmandin Sara. Sie sollte diesmal etwas aus der Bibel herauszusuchen, und den anderen vorlesen.

Sie hat sich einen Vers aus einem Psalm herausgesucht und las dann vor: "Ich höre, wie sie über mich tuscheln; von allen Seiten bin ich bedroht. Sie stecken ihre Köpfe zusammen und überlegen, wie sie mich zur Strecke bringen. Doch ich verlasse mich auf dich! Du, HERR, du bist und bleibst mein Gott!"

Das war, wie für mich gemacht in dem Moment. Und es hat mich wieder aus meiner schlechten Laune rausgeholt. Einfach nur diese Worte. Sara hat das nicht absichtlich gemacht, aber es war schön und hat gutgetan. Und: Sara hat damit etwas gemacht, was Martin Luther „Priestertum aller Gläubigen" nennt. Sie hat mich mit den Worten, die sie ausgesucht hat, getröstet. Sie hat mir Gott nahegebracht, eine Aufgabe die früher eben Priestern vorbehalten war. Jetzt hat es Sara getan. Danke, Sara!

Es gibt viele Gründe, nicht schlafen zu können und manche sind körperlicher Art und fies und andere sind kaum zu behandeln. Wer Sorgen hat, der schläft oft nicht gut, sondern grübelt, weil ihn oder sie die Gedanken nicht mehr los lassen.

Wie schön wäre es, diese Grübelgedanken einfach loswerden zu können. Wie einen Mantel. Am Abend einfach den Sorgenmantel ausziehen und dann, leicht wie eine Feder, ins Bett. Manche sollen das können. Bei anderen klappt das nicht. Deren

Sorgenmantel ist so unhandlich und schwer, dass sie ihn nicht ordentlich ausziehen und an einen Haken hängen können.

Bei den Konfirmandinnen und Konfirmanden gibt es einen beliebten Spruch. Der lautet:

„Alle eure Sorgen werft auch Gott; denn er sorgt für euch." Vielleicht mögen die Konfirmanden ihn ja deshalb, weil sie auch so gerne nach der Schule ihren Schulranzen oder ihre Jacke in die Ecke pfeffern. Vielleicht mögen sie ihn auch einfach deshalb, weil sie denken: Super, soll sich doch Gott um den Mist kümmern. Ich mache derweil Party.

Allerdings, auch wenn sie den Ranzen in die Ecke pfeffern: Die Hausaufgaben müssen weiterhin gemacht werden. Und in der Bibel heißt es auch nicht: Werft eure Sorgen auf Gott und er erledigt alles. Nein, da heißt es: er kümmert sich um *euch*!

Ich verstehe das so: Gott sorgt dafür, dass ich – vielleicht nach einer Weile - die Kraft habe, die Sorgen, die ich habe, weiter zu bearbeiten.

Mir persönlich hilft es schon, wenn ich die Sorgen aufschreibe. Einfach auf einen Zettel. So, dass ich auch weiß, morgen sind sie noch da, die Sorgen. Sie werden sich über Nacht nicht aufgelöst haben, aber ich bin ein anderer, wenn ich ausgeschlafen bin und bereit die Dinge anzugehen, die ich ändern kann und die Dinge hinzunehmen, die ich nicht ändern kann.

Es sollen ja zornige, alte, weiße Männer sein, die sich in vielfacher Hinsicht radikalisiert haben. In Amerika sollen sie Trump gewählt haben und in Deutschland regen sie sich vor allem über die Flüchtlinge auf. Als ich bei einem runden Tisch zur Flüchtlingssituation in unserer Stadt sitze, da finde ich sie auch: Zornige alte, weiße Männer. Aber die um den Tisch sitzen, sind anders.

Zuerst: Sie sind Männer. Was schon bemerkenswert ist, denn vieles was im Ehrenamt geschieht, wird von Frauen erledigt. Aber hier sind sie: Die Männer. Meist im Ruhestand, und mit Zeit. Sie schrauben mit den Flüchtlingen neue Klingeln an alte Fahrräder und tragen gebrauchte Waschmaschinen in eine frischgestrichene Wohnung für Familien, die eine neue, vorübergehende Heimat gefunden haben. Es sind die Männer, die ihr Wissen in Werkstätten weitergeben, damit die Neuen wissen, wie man mit Feile, Säge und Schraubenzieher umgeht und wie man rechnet, damit auch was gescheits dabei herauskommt.

Und es gibt Männer, die sich hinsetzen und den Problemen der Familien zuhören. Und dann, ja dann, werden sie auch mal richtig wütend und zornig. Weil sie nichts gegen die Probleme machen können. Weil die deutsche Bürokratie guten Ideen Steine in den Weg legt oder weil sie bei einer Abschiebung gezwungenermaßen Abschied nehmen müssen, obwohl sie es für nicht gerechtfertigt halten.

Ohne diese alten, manchmal zornigen, aber vor allem tatkräftigen Männern in der Flüchtlingshilfe, hätte so manches nicht in der Vergangenheit geklappt. Und auch in der Zukunft werden wir sie brauchen.

Dass es in Syrien Christen gibt, das wussten viele wahrscheinlich bis vor ein paar Jahren gar nicht. Vorher lebten dort auf unserer inneren Karte eigentlich nur Muslime. Jetzt kommen Syrer als Flüchtlinge nach Deutschland.

Ich habe den Eindruck: Seit wir von syrischen Christen wissen und darüber sprechen, fällt es uns leichter, uns vorzustellen, dass diese syrischen Christen auch bei uns für eine Zeit oder vielleicht auch auf Dauer bleiben. Einfach, weil sie Christen sind.

Dabei ist es komplizierter. Das habe ich auf einer Reise in den Libanon verstanden. Dem Nachbarland Syriens. Da habe ich nämlich gelernt, dass der Libanon 18 verschiedenen Religionen offiziell anerkennt, die auch irgendwie im öffentlichen Leben vorkommen.

Neben sunnitischen und schiitischen Muslimen sowie den Drusen gibt es gerade dort viele verschiedene christliche Glaubensrichtungen: Maroniten, rum-orthodoxe Christen, melkitisch griechisch-katholische Christen, armenisch-apostolische Christen, armenisch-katholische und protestantische Christen sowie Kopten. Alle auf einem Fleckchen Erde, der etwa so groß ist wie Hessen mit knapp sechs Millionen Einwohnern.

Wir haben die arabischen Christen im Libanon besucht und ich habe festgestellt: Vieles ist mir doch sehr fremd. Christen im arabischen Raum haben einfach andere Traditionen als wir in Deutschland. Die Feste und Gottesdienste werden ganz anders gefeiert und so manches, was ich nicht kenne, hat schlicht damit zu tun, dass die Christen eben in Syrien ihr Christsein gelebt haben, auf Syrien abgestimmt sozusagen.

Natürlich finde ich es schön, dass wir Christinnen und Christen aus Syrien helfen können, aber kompliziert wird es, glaube ich, trotzdem. Denn mancher syrische Christ wird sich wahrscheinlich eher mit einem syrischen Muslim verstehen als mit mir, weil er das, was Syrien angeht, besser versteht.

Aber eigentlich ist das ja auch egal. Denn wenn ich Jesus richtig verstanden habe, dann ging es ihm immer um Menschen, um sonst nichts. Der Mensch stand für ihn im Mittelpunkt. Egal ob nun maronitischer Christ oder schiitischer Muslim, aus Syrien oder anderswo.

WO HIMMEL UND ERDE SICH KÜSSEN

SPIRITUALITÄT UND TRADITION

Mein Sohn hatte in diesem Jahr eine klasse Idee. Er hat einen Adventskalender gebastelt, aber der ist ganz anders als alle anderen Adventskalender, die ich sonst so kenne. Ich nenne ihn inzwischen den Dankadventskalender.

Mein Sohn hat nämlich im ganzen Haus Zettel mit Nummern drauf verteilt. Also muss man jeden Tag suchen. Und wenn man dann die Nummern gefunden hat, ist da eigentlich ... nichts. Also nichts Neues. Kein Geschenk oder so. Es ist einfach ein Zettel mit einer Nummer, der zum Beispiel am Stuhl klebt.

Aber, ich habe inzwischen herausgefunden: Man findet doch etwas. Zum Beispiel unser Sofakissen mit dem Weihnachtsmotiv drauf. Da klebt auch so ein Zettel von meinem Sohn. Und ich habe festgestellt, dass das richtig cool ist! Weil ich unser Weihnachtskissen noch mal genau angeschaut und mich gefreut habe, dass ich das besitze. Und das finde ich richtig schön, weil es mich dankbar macht für das, was schon da ist.

So ging es mir beim Weihnachtskissen. Und es ging den Advent über noch weiter. Der Zettel an der Heizung zeigte mir, wie gut es ist, dass ich nicht frieren muss. Und der Zettel an der Mandarine hing passenderweise an meinem Lieblingsobst.

Und dabei wird mir auch wieder klar, dass es viele Menschen gibt, die diese Dinge, die ja für mich so selbstverständlich sind, nicht haben. Die haben kein Kissen, die müssen frieren und manche haben nichts zu essen.

Ich finde mein Sohn hat einen richtig tollen Adventskalender entwickelt. Da öffne ich keine Türchen, sondern da werden mir die Augen geöffnet für das, was schon da ist. Und dafür bin ich richtig dankbar.

Neun ausgewachsene Kriege und 345 Krisen. Das zählte das Heidelberger Institut für Internationale Konfliktforschung allein in diesem Jahr. Das bedeutet, dass die Zahl der Kriege und bewaffneten Konflikte in diesem Jahr zugenommen habe. Weltweit gab es nach Angaben des Instituts vier „schwere Krisen" drei „Kriege" mehr als im letzten Jahr.

Ich finde das traurig. Vor allem zur Weihnachtszeit schmerzt das sehr. Schließlich heißt es doch in der Weihnachtsgeschichte: Friede auf Erden.

Aber wer denkt, mit der Geburt eines Kindes würden schlagartig alle Konflikte beendet, der überschätzt die Folgen einer Geburt gewaltig oder hat die letzten 2000 Jahre nicht mitbekommen. Da hieß es nämlich auch jedes Mal an Weihnachten: „Friede auf Erden". Im ersten und zweiten Weltkrieg, genauso im 30jährigen Krieg oder eben im Kongo oder in Syrien.

Kriege ausschalten, indem es einen Schalter umlegt, das kann dieses Kind nicht. Aber es kann unser Herz berühren. Es kann uns weich und zärtlich machen. Haben Sie schon mal ein Kind beim Schlafen beobachtet? In mir jedenfalls weckt das die Sehnsucht, es auch so friedlich zu haben.

Deshalb glaube ich auch, solange die Sehnsucht nach Frieden wach gehalten wird, der Frieden auf Erden auch irgendwann wirklich kommt. Denn solange wird es wohl auch immer wieder Menschen geben, die sich mit aller Kraft dafür einsetzen, den Frieden zu gewinnen.

Frieden – der kommt nicht von heute auf morgen. Frieden wird wachsen, wie ein kleines Kind wachsen wird. Deshalb gebe ich auch nicht die Hoffnung auf.

Was für eine Vorstellung: Das Heidelberger Institut für Internationale Konfliktforschung überschreibt ihren Bericht mit diesem biblischen Satz: Frieden auf Erden.

Die Zeit zwischen den Jahren mag ich ja ganz besonders. Viel entspannter als Urlaub. Die Couch ist da mein zweites Zuhause, wir schauen Filme oder treffen Familie und Freunde. Und immer wieder mache ich die Lichter am Weihnachtsbaum an und schaue den Engeln zu, die am Christbaum hängen, wie sie sich langsam an ihren Schnürchen drehen. Alles sehr friedlich in der Zeit.

Dabei gelten diese Tage mancherorts als überhaupt nicht friedlich. Sie werden Raunächte genannt. Die Raunächte bezeichnen die Zeit ungefähr zwischen dem 21. Dezember und 6. Januar - wenn man so will, die dunkelste Zeit des Jahres. Da wo es Berge gibt, da sind die Raunächte besonders populär.

In den Raunächten sollen merkwürdige Dinge geschehen. Die Naturgesetze gelten nicht mehr und junge Mädchen sollen in dieser Zeit nicht allein auf die Straße gehen. Sprechende Tiere sollen in diesen Nächten unterwegs sein und weil es eine so dunkle Zeit ist, sollte man die Zeit am besten mit Fasten und Gebet verbringen. Sind eben rau, die Nächte.

Mich schreckt das nicht. Ich bleibe weiterhin entspannt. Wobei: Wenn unser Freund Chris uns besuchen kommt, gelten manche Naturgesetze auch nicht mehr, dann muss nämlich auch mitten im Winter der Grill im Garten angeworfen werden, und wenn wir zu Stefan gehen, wird es wahrscheinlich auch wieder rau, aber doch herzlich. Spaziergang im Stechschritt und sehr sehr lange!

Ich schau meinen Engel auf dem Weihnachtsbaum an: Fürchtet Euch nicht, flüstert er mir zu! Mach ich! Mich nicht fürchten. Rau mögen die Nächte jetzt sein, aber Angst lass ich mir auf keinen Fall machen.

Dass Himmelfahrt zum Vatertag wurde, hat vielleicht auch seinen Grund. Die Geschichte von Himmelfahrt geht ja so: Jesus ist mit seinen Freunden zusammen. Und alle denken: Jetzt bleibt er für immer bei uns. Aber Pustekuchen! Jesus fährt in den Himmel auf und weg ist er.

So ähnlich geht es auch manchen Familien mit ihren Vätern an Christi Himmelfahrt. Am frühen Morgen war Papa noch da und anschließend war er mit seinen Kumpeln und einer Kiste Bier weg und ward nicht mehr gesehen.

An Vatertag sind alle weg, was gibt es da also zu feiern? Vatertag und Himmelfahrt haben eins gemeinsam: Wenn der Vater bzw. Jesus verschwindet, dann bedeutete das soviel wie: Jetzt könnt ihr mal die Verantwortung übernehmen - inklusive Vertrauensvorschuss: Ihr schafft das schon.

Was bei meiner Familie für mich eher lächerlich klingt, weil Mama sowieso ohne Papa den Laden schmeißt. Bei Jesus war das anders.

Weil sie ihm alles zugetraut haben, haben sie sich ganz auf ihn verlassen. Da fällt es vielleicht schwer, die Verantwortung zu übernehmen. Allerdings glaube ich, Jesus ging bewusst, eben weil er davon wusste, dass man die Verantwortung auch gerne abgibt.

Damit Menschen selbstbewusst handeln können, muss man sie eben auch selbst machen lassen: Verantwortung übernehmen, Fehler machen und für diese einstehen. Gut wenn da nicht immer einer ist, der einem über die Schultern schaut und mit seiner Anwesenheit einen verunsichert. Dann lieber gleich allein und selbstverantwortlich.

Bei Familien klappt das an Himmelfahrt wahrscheinlich alles wunderbar und Papa darf sich nach der anstrengenden Wanderung ausruhen.

Für alle anderen Dinge gilt: Gott lässt uns selbstverantwortlich unser Leben leben, gibt keine blöden Kommentare ab, sondern verspricht uns, im Zweifel bin ich doch immer da – horcht mal ganz tief in Euch hinein.

In der Pubertät wird das Gehirn ja noch einmal komplett umgebaut, habe ich gelernt. Jugendliche leben die ganze Zeit auf einer neuronalen Baustelle. Nix is fix und keiner weiß, was als nächstes kommt, auch die Jungs und Mädels selbst nicht. Die sind dann auch oft ratlos bei dem, was mit ihnen und in ihnen gerade los ist.

Ausgerechnet in dieser Zeit also, in der Jugendliche all ihre Energie in den Umbau ihres Gehirns stecken, sitzen sie bei uns im Konfi-Kurs. Und haben die Chance, über sich und Gott und ihren Glauben zu sprechen und nachzudenken und damit etwas zu finden, woran sie sich orientieren können. Die Konfirmationsvorbereitung ist heutzutage nicht mehr so wie es das früher einmal war, aber lernen sollen sie trotzdem was und eben für sich rausfinden, ob das mit dem Glauben was für sie ist.

Im festlichen Gottesdienst der Konfirmation, den die Jugendlichen mitgestalten, sagen sie öffentlich und laut, dass sie sich als Christinnen und Christen verstehen. Und sie bekräftigen, dass es richtig war, sie als Kinder zu taufen.

Manche Kritiker meinen: viele machen den ganzen Zinnober nur mit, weil es ganz viel Geld dafür gibt...

Das natürlich auch, aber noch wichtiger für die Jugendlichen ist, dass die Konfirmation ein Fest ganz persönlich für sie ist. Bei dem sie im Mittelpunkt stehen und selbständig und eigenverantwortlich „Ja" zu einer Sache sagen können.

So erlebe ich als Pfarrer das jedenfalls oft. Und ich glaube, dass die Konfirmation wichtig für die Jugendlichen ist. Gerade in dieser Zeit, wenn alles umgebaut wird am eigenen Körper und im Gehirn, bekommen sie etwas, an dem sie sich festmachen können. Einen Anker in diesen stürmischen Zeiten der neuronalen Baustellen.

An Allerheilgen, an diesem katholischen Feiertag, denke ich als evangelischer Pfarrer an Margit.

Ich will von ihr erzählen, weil sie eine besondere Person ist. Sie kocht sehr gut und vor allem sehr gerne für andere Leute. Sie macht einem immer mal wieder kleine Geschenke und schreibt nette Postkarten, wenn es einem nicht so gut geht.

Sie kann unglaublich gut zuhören und gibt einem immer das Gefühl, dass sie einen auch versteht. Sie unterstützt viele Menschen in allen Lebenslagen und kümmert sich um Kinder, genauso wie um ältere Menschen. Sie hat ein großes Herz und weite Arme und manchmal habe ich Angst um sie, dass sie bei aller Gutmütigkeit sich selbst verliert, aber dann steht sie doch wieder ganz selbstbewusst da und sagt: Das schaffen wir schon, ist überhaupt kein Problem.

Haben Sie Margit wiedererkannt? Oder heißt sie bei Ihnen nicht Margit? Vielleicht Susanne oder Bernd? Egal, wie sie sonst so heißen: Heute sind es alle Heilige. Ja, eben besondere Menschen, die einem ein gutes Vorbild sein können. Um solche Menschen geht es heute an Allerheiligen. Heilige, die nie heiliggesprochen wurden und von denen wir doch ganz instinktiv wissen: Die sind oder waren mir ein Vorbild. Meinem Freund Flo ist seine Oma heilig, weil sie als einzige für ihn da war, als sich seine Eltern damals haben scheiden lassen. So gesehen kann man Allerheiligen auch als einen evangelischen Feiertag sehen: Weil es eben nicht um die offiziellen Heiligen geht, die mit päpstlichen Dekret mehr oder weniger verbeamteten Heilige sind, sondern um alle, die auf ganz verschiedene Weise besonders sind.

Aber es wird noch besser: In der Bibel heißt es bei Paulus: Heilige sind alle, die sich zu Jesus bekennen. Wenn das so ist, dann wäre ich ja auch ein Heiliger und alle anderen Christinnen und Christen auch... Dann ist ja Allerheiligen sowieso für alle, egal ob evangelisch, katholisch, freikirchlich oder orthodox.

Ich habe Dich bei Deinem Namen gerufen, Du bist mein." Das steht in der Bibel und viele Eltern wählen diesen Vers als Taufspruch für ihr Kind. Gott ruft den Täufling beim Namen, das glauben wir. Das heißt: Gott weiß ganz genau, wer dieser Mensch ist und damit gehört dieser Mensch zu Gott. Oder vielleicht besser der Mensch gehört Gott.

Als Kind haben Erwachsene bei uns auf dem Dorf mich oft gefragte: "Wem g'hörsch n?"

Dann habe ich gesagt: ich gehöre meinem Vater, dem Heiner Eckert. Und schon wussten die Leute, in welche Schublade sie mich stecken konnten. Wahrscheinlich wussten sie sogar mehr über meinen Vater als ich, weil sie ihn schon viel länger kannten, als ich alt war. Das machte mich sogar ein wenig stolz.

Andererseits fand ich die Frage aber auch ärgerlich. Schließlich bin ich ja nicht nur ein Gut, das man besitzen, stolz vorzeigen oder aber verschämt verstecken kann.

Kinder sind nicht der Besitz der Eltern. Sie sind ihnen nur eine Weile anvertraut, damit sie ihnen ins Leben helfen. Sozusagen nur ausgeliehen.

Der Mensch gehört Gott. Das glaube ich. Der Mensch gehört zu dem, der das Leben schafft und es erhält. Der Mensch ist in Gottes Hand, im Leben und im Sterben. Das sagen wir und in der Taufe und das lasse ich mir auch gerne immer wieder sagen. Mir hilft das, wenn ich mich total verlassen fühle. Oder wenn alle nur noch den Kopf schütteln und sich fragen: was ist denn das für einer? Wem g'hörsch n? Ich? Ich gehöre Gott, der kennt mich. Ich bin sein.

Auf meine Eltern war ich richtig sauer!" Herr Greiner, der mir das sagte, erzählte mir von seiner Taufe. Allerdings hatten die Eltern mit dieser Taufe gar nichts am Hut. Herr Greiner ließ sich nämlich erst im Erwachsenenalter taufen.

„Und warum sind Sie auf ihre Eltern sauer gewesen? So haben sie doch die völlige Freiheit gehabt!"

„Ich war sauer", sagte Herr Greiner, „weil ich gemerkt habe, dass es meinen Eltern gar nicht um Freiheit ging, sondern ihnen war das mit der Taufe vollkommen egal. Das hat mich geärgert!"

Von Herrn Greiner lerne ich: Religiöse Erziehung ist schwierig. Und: Religiöse Erziehung hat etwas mit der Haltung der Eltern zu tun. Und wenn keine Haltung zu erkennen ist, dann sieht das eben wie Gleichgültigkeit oder Missachtung aus.

Was also tun? Ich glaube, Eltern müssten sich mit dem Thema beschäftigen. Wollen wir unser Kind taufen lassen? Und wenn nicht, warum? Zu welchem Ergebnis sie auch immer kommen, wichtig wäre, Haltung zu zeigen.

„Ich finde", sagt mir auch Herr Greiner, „wenn meine Eltern sich wenigstens aus Überzeugung gegen die Taufe entschieden hätten und mir das auch gesagt hätten, dann wäre das ok gewesen. Und sie hätten es mir überlassen, mich so oder so zu entscheiden."

Ich frage nach: „Und wenn Ihre Eltern Sie einfach getauft hätten, weil man das eben so macht?" Herr

Greiner denkt nach und grinst. „Dann wäre ich auch sauer auf sie gewesen. Aber ich hätte an meiner Taufe, glaube ich, nichts geändert - in aller Freiheit!"

Fernöstliche Spiritualität- das ist für mich: Körper und Geist miteinander in Verbindung zu bringen. Faszinierend, was es da für Methoden gibt: Tai-Chi und Qi-Gong, bestimmte Formen von Yoga. Und auch Karate, Aikido. Letztere sind für uns eher Sportarten, ursprünglich sollten sie aber auch der Konzentration dienen. Sie sollten das Qi- die Lebensenergie, den Lebensatem bewegen oder die Lebensweise des Zen-Buddhismus unterstützen.

Immer habe ich gedacht: Sowas gibt es bei uns im Westen und im Christentum gar nicht: So eine Art Meditationsform, die auch den Körper miteinschließt. Bis mir eingefallen ist: Christen singen ja. Seit es das Christentum gibt: Wir singen! Und Singen ist sehr körperlich. Wer viel und ausdauernd singt, kommt ganz schön ins Schwitzen. Man kann sich regelrecht versenken in die Töne und den Text und darin ganz und gar aufgehen.

Seitdem ist mir das Singen noch wichtiger. Besonders „christlich", wenn man so will, finde ich es, wenn man zusammen mit anderen singt. Denn wenn im Christentum der Nächste so wichtig ist, dann wohl auch der Nächste beim Singen.

Wer mit anderen zusammen singt, der muss auf den anderen hören und sich gegebenenfalls auch zurücknehmen können. Wichtig ist nicht, dass man alleine besonders gut und schön und laut singen kann, sondern dass man zusammen das Beste miteinander herausholt. Zusammen singen ist also eine körperliche Tätigkeit und trainiert, achtsam mit seinem nächsten Sänger umzugehen.

Tai-Chi und Qi-Gong bleiben für mich faszinierend, aber ich habe das Singen liebgewonnen als eine körperbetonte Form der Spiritualität. Und die praktizieren wir mindestens einmal die Woche in unseren Kirchen und Gemeindehäusern.

Du bist, was du isst. Diese Redensart wird immer wichtiger, habe ich den Eindruck. Denn für ganz viele Menschen ist es ein interessantes Thema. Vegetarisch oder sogar Vegan ist die Frage, es gibt aber auch Frutarier – die essen nur Früchte – oder Pescarier – die essen kein

Fleisch, dafür aber Fisch. Und wenn Promis zum Beispiel Vegetarier sind, dann freuen sich alle Vegetarier, weil sie sagen können: Die gehören zu uns. Essen wird so zu einem Identitätsmerkmal oder Identitätsmarker, wie Wissenschaftler sagen.

Diese Identitätsmarker gibt es natürlich schon immer und häufig waren sie mit Religionen verbunden. So ist es klar, dass Muslime und Juden kein Schweinefleisch essen und Hindus kein Rind. Vegetarier, das muss man sagen, dürften sich in allen Religionen heimisch fühlen.

Dafür lebt es sich für Vegetarier unter Fleischessern manchmal nicht einfach. Und das nicht nur, wenn sie zum Grillfest eingeladen sind.

Nicht selten erlebe ich nervige Kommentare von Fleischessern, die es einfach nicht verstehen können, wie man sich vegetarisch ernähren kann. Und schon ist man mittendrin in einer dogmatischen Diskussion. Über das Für und Wider vegetarischer oder fleischlicher Ernährung. Fast so, als ob das Seelenheil davon abhinge. Und das hat dann wieder was ziemlich Religiöses.

Die Christen haben sich ja übrigens dafür entschieden, dass Essen nicht so wichtig ist. Jeder darf alles essen. Vom Schwein bis zu Meeresfrüchten. Aber, dass jeder alles essen muss – oder das Heil im Schweinefleisch liegt - davon haben sie nichts gesagt. Kann also eigentlich jeder ganz entspannt mit Vegetariern umgehen. Und vielleicht sogar dafür sorgen, dass es beim nächsten Grillfest auch was wirklich Leckeres und Vegetarisches auf den Grill gibt und nicht nur Kartoffelsalat aus dem Supermarkt. Das wäre nämlich wirkliche und tätige Nächstenliebe! Was ja übrigens DER Identitätsmarker der Christen sein soll.

Für Jakob war der Ort Bethel ein heiliger Ort. So wird es in der Bibel erzählt. Jakob war auf der Flucht vor seinem Bruder, den er bös hinters Licht geführt hat. Und als er nicht mehr konnte, legte er sich hin und schlief und im Traum sah er eine Leiter. Engel stiegen auf der Leiter immer hoch und runter. Was Jakob da sah, war ein Stück vom Himmel. Als er wieder wach war, stellte er einen Altar an die Stelle und sagte: Das ist ein heiliger Ort.

Warum aber hat jemand überhaupt das Bedürfnis, aus einem hundsgewöhnlichen Ort einen heiligen

Ort zu machen? So richtig verstanden habe ich das einmal in Tübingen.

In Tübingen haben ich meine Frau uns nämlich kennengelernt. Und als wir mal wieder dort waren, haben wir alle Orte abgeklappert, die wir kannten und haben unseren Kindern immer erzählt: Da hat Papa gewohnt und da Mama und hier haben sie sich das erste Mal geküsst. Tübingen, das war wie eine Stadt mit einer Leiter, auf der wir rauf und runter sind und wo wir den Himmel gesehen haben.

Gelernt hab ich allerdings auch: Nicht jeder kann das nachvollziehen und findet einen Ort nur deshalb heilig, weil andere ihn heilig finden. Unsere Kinder jedenfalls fanden es stinklangweilig und wollten die ganze Zeit nur ein Eis haben.

Seitdem weiß ich: Orte sind nicht von sich aus heilig. Sie werden es durch die Menschen, die an diesem Ort ein Stück vom Himmel gesehen haben. Und es können nur heilige Orte für mich werden, wenn ich versuche nachzuempfinden, was die anderen Menschen dort empfunden haben. Das nennt man dann Respekt.

Für meine Kinder hat sich dann der Himmel erst in der nächsten Eisdiele geöffnet. Musste ich respektieren.

GERECHTIGKEIT UND FRIEDEN IN EINER ZERRISSENEN WELT

So aufgebracht habe ich meine fünfjährige Tochter selten gesehen. Da hat sie mir ganz stolz erzählt, dass sie beim Rennen im Kindergarten zweimal erster geworden ist und David jedes Mal letzter. Und statt mich mit ihr über den Sieg zu freuen, sage ich, völlig unüberlegt: jaja, die Letzten werden die Ersten sein und die Ersten werden die Letzten sein.

Uiuiui, nicht mit meiner Tochter: „Bei uns gilt immer noch, der Erste ist der Erste und der Letzte ist der Letzte. Und nur beim lieben Gott ist das anders, hast Du gesagt!

Ich bin bass erstaunt. Ja, das habe ich gesagt! Und Recht hat sie.

Denn bei uns muss wirklich gelten: Der Erste ist der Erste und der Letzte ist der Letzte. Weil das wohl der Maßstab ist, um sinnvoll vergleichen zu können. Sonst könnten wir keine Olympiade veranstalten oder Menschen nach ihrer Leistung bezahlen. Jeder Vergleich wäre eigentlich unmöglich!

Es würde zu einer unglaublichen Verunsicherung führen, wenn wir plötzlich diese einfache Regel: Der erste ist erster, außer Kraft setzen würden. Keiner wüsste mehr woran er ist.

Allerdings: Meine Tochter hat auch gesagt: Bei Gott gilt die andere Regel. Und da hat sie eben auch Recht. Vor Gott sind wir in erster Linie eben keine Leistungsträger. Vor Gott sind wir einfach nur Mensch. Mit Begabungen und Schwächen. Und wie eine gute Mutter oder ein guter Vater liebt er eben auch die, die zuletzt ins Ziel kommen oder die, die bei der ganzen Leistungsschau nicht mitmachen können.

Liebe orientiert sich nun mal nicht danach, wo einer auf der Leistungsskala steht. Meine Tochter liebe ich, egal auf welchen Platz sie kommt. So verstehe ich auch Jesus: Beim Rennen gewinnen ist das eine, bei Gott einen Platz zu haben ist was anderes und nicht davon abhängig, ob man erster ist oder nicht.

Mutter und Vater sind die absoluten Herrscher. Sie machen die Gesetze, sie vollziehen die Gesetze und sie werden als Richter angerufen, wenn es zu Unregelmäßigkeiten kommt.

Kinder nehmen das täglich in Anspruch. Mehrmals am Tag muss ein Streit geschlichtet werden. Meistens ist der Ausgangspunkt eine Art begangener oder versuchter Diebstahl. Der eine wollte das haben, was die andere gerade hatte.

Und dann kommt es zur Verhandlung, mit Ankläger und Beschuldigtem. Im Zweifel kommt noch eine lautstarke Klage wegen Körperverletzung dazu, die im Grunde unstrittig ist, weil sie vor den Augen des Gerichts- also Vater und Mutter - stattgefunden hat.

Gerechtigkeit herzustellen ist eine schwierige Sache. Aber aus der Frage herausstehlen kann man sich auch nicht. Gerechtigkeit muss man Kindern beibringen. Und Gerechtigkeit kann nur bestehen, wenn man sich selbst dran hält.

Vielleicht ist das auch das wichtigste an der Sache, in der Familie. Aber wahrscheinlich nicht nur dort: Dass man sich beim Thema Gerechtigkeit selbst dran hält. Weil sonst alles, vor allem die ganze

Glaubwürdigkeit, zusammenfällt. „Gerechtigkeit soll strömen, wie ein nie versiegender Bach" heißt es in der Bibel. Und dieser Bach hat wohl seinen Ursprung bei jedem Einzelnen.

Gerechtigkeit zu üben ist wichtig, für die gute Stimmung in der Familie und für die eigene Glaubwürdigkeit. Wer keine Gerechtigkeit übt und nicht bei sich selbst anfängt, der ist nicht mehr glaubhaft. Und Kinder merken das schnell. So schnell, dass auch vermeidliche Alleinherrscher irgendwann gestürzt werden.

Mein Freund wirkt etwas abgekämpft, als wir uns in der Kneipe treffen. „Wir haben uns gerade gestritten – im Grunde nichts Schlimmes – aber es ist immer so anstrengend, bis wieder Frieden ist." Beziehungsstress eben.

Dabei kenne ich keinen Menschen, mit dem ich lieber streiten würde, weil mein Freund einfach weiß, wie das geht. Er kann auch in den heftigsten Auseinandersetzungen ruhig bleiben, fragt nach, wenn er etwas nicht verstanden hat, er lässt einen ausreden und kann sich sachlich mit einem Thema auseinandersetzen. Da wird eine Meinungsverschiedenheit eher zu einer gesitteten

Argumentation als zu einem Streit, bei dem die Fetzen fliegen.

Ich finde es gut, wie er an Konflikte rangeht, aber es ist offenbar kräftezehrend, wenn ich ihn so anschaue. Was könnte da helfen?

In der Bibel entdecke ich, dass auch da der Frieden nicht vom Himmel fällt. „Jagt dem Frieden nach" steht da und das an mehreren Stellen (z.B. Ps 34)

Dem Frieden nachjagen. Das klingt wirklich nach Anstrengung und danach, dass einem die Puste ausgehen kann. Seinbar muss der Friede unter den Menschen erarbeitet werden, egal ob nun im weltweiten Konflikt oder in der Familie zuhause. Regeln müssen aufgestellt und gehalten werden. Kompromisse müssen gefunden werden. Ganz schön anstrengend.

Gibt es da keine Entlastung? Wenn z.B. bei zwei verstrittenen Menschen gar nichts mehr geht, kann es hilfreich sein, wenn ein dritter dazu kommt. Ein Mittler oder Mediator. Der bringt Entlastung, weil er hilft, den Streit auf eine sachliche Ebene zu bringen und den Konflikt zu lösen. Wenn man so will, bringt er den Frieden.

Im Gottesdienst muss man dem Frieden eine Zeit lang mal nicht hinterherjagen, findet auch mein

Freund. Da heißt es dann: Frieden sei mit dir! Der Frieden kommt dann auf einen zu. Da kommen tatsächlich Menschen auf ihn zu und sagen das, während sie ihm die Hand geben.

Wenn er das hört, dann hat er auch wieder Kraft um dem Frieden nachzujagen.

Die Weisen aus dem Morgenland waren keine Christen und ob sie wirklich welche geworden sind, das ist auch nicht klar. Aber sie waren weise und sie haben Geschenke mitgebracht, als sie zum Jesuskind gekommen sind und es anbeteten.

So steht es jedenfalls in der Bibel. Das ist die Geschichte zum heutigen Tag „Heilige Drei Könige" Der Legende nach kamen die Heiligen Drei Könige bis nach Köln. Jedenfalls sollen ihre Knochen im Kölner Dom liegen. In der Geschichte der Bibel kamen sie nur bis Bethlehem und dann sind sie wieder zurückgekehrt in ihr Land.

Manche fänden das heute sehr angemessen. Dass die Menschen aus dem Morgenland höchstens noch bis Bethlehem kommen oder sagen wir bis in die Türkei. Aber nicht zu uns. Ich weiß, es ist alles nicht einfach und die Situation ist in vielen Bereichen schwierig. Zum Beispiel bei der

Unterbringung der UMFs, also „Unbegleiteten minderjährigen Flüchtlinge". Da wissen die Jugendämter schnell nicht mehr, wohin sie die schicken sollen. Viele Möglichkeiten sind schon erschöpft.

Zwei Jungs haben es jetzt zu einer Freundin geschafft. Dass sie die beiden bei sich aufnimmt, ist für sie selbstverständlicher Ausdruck ihrer christlichen Nächstenliebe. Abudi und Hicham kommen aus Afghanistan, sie sind Brüder und haben ihre Eltern verloren. Sie werden wohl nicht mehr zurückgehen. Sie werden, aller Voraussicht nach, bleiben. Sie werden Deutsch lernen, eine Ausbildung machen und dann hoffentlich hier eine Arbeit finden. Ich fände es schön, wenn sie heimisch werden könnten. Wenn sie eine Familie gründen können.

Sie müssen keine Christen werden. Aber ich würde sie gerne sehen als Reisende aus dem Morgenland, die den christlichen Glauben zu schätzen wissen und mit Gaben kommen. Nicht mit Gold, Weihrauch und Myrrhe, aber mit Mut, Tatkraft und frischen Ideen.

Ich mag keine Gewalt. Deshalb ist mir der Internationale Tag der Gewaltlosigkeit sehr sympathisch. Den hat die UNO am Geburtstag von Mahatma Gandhi, also am 2. November ausgerufen.

Allerdings, ich gebe es ungern zu: Ich bin auch ein ziemlicher Schisser und ich habe es schon als Kind gehasst, mich körperlich mit anderen zu messen. Hatte wohl immer verloren. So gesehen kommt der Tag eben auch meinem Naturell entgegen. Dabei mögen es Jungs und auch Mädchen durchaus, wenn man tobt und auch miteinander rauft. Aber gewalttätige Menschen sollen dabei nicht herauskommen.

Und das bedeutet, dass man sich an Regeln halten muss und dass es Okay ist, wenn man rauft, es aber nicht Okay ist, wenn sich die Kinder auf den Schulhof mit anderen Kindern kloppen. Mir hat mal ein Vater gesagt: „Mein Sohn wird so erzogen, dass er sich nichts gefallen lassen soll und deshalb soll er ordentlich zurückschlagen." Ich dachte, so eine Meinung gibt es gar nicht mehr. Vielleicht wollte er dem Pfarrer auch nur mal sagen, was er von seinem Gutmenschentum hält. Von wegen die rechte Backe hinhalten, wenn einem auf die linke geschlagen wurde.

Nein, ich finde, Kinder sollen nicht Gewalt lernen. Sie sollen Gewaltlosigkeit lernen. Sie sollen lernen, dass es Regeln gibt und dass man andere Menschen nicht schlägt und ihnen Gewalt antut. Dass man sich auch keinen Zacken aus der Krone bricht, wenn man sich mal etwas gefallen lässt. Und dass es andere Mittel und Wege gibt, sich etwas nicht gefallen zu lassen. Dafür gibt es nämlich in der Schule die Lehrer und die Hausordnung und für die Erwachsenen Polizei, Gerichte und Juristen, wenn es drauf ankommt.

Übrigens, Mahatma Gandhi, der Anfang des 20. Jahrhunderts gelebt hat, kennt man heute noch und ihm hat man den Tag der Gewaltlosigkeit gewidmet. Kann man von Wirtshausschläger von Anfang des 20. Jahrhunderts nicht behaupten. Aber ich mag Gewalt ja auch nicht.

Wer den gordischen Knoten löst, der wird Herrscher über Asien. So heißt es in der Legende. Und dann kam Alexander der Große. Der hat die Aufgabe gelöst. Obwohl er den Knoten nicht gelöst hat. Er hat ihn nämlich zerschlagen. Und zwar mit dem Schwert. Knoten kaputt, Problem gelöst.

Bei manchen Problemen habe ich auch den Wunsch, dass sie endlich mal gelöst werden. Vom Dieselskandal über die Frage der Massenflucht aus Kriegsgebieten bis hin zum Thema „Erderwärmung". Einmal durchschlagen und gut ist. Oder? Oder nicht? In Augsburg gibt es jedenfalls ein Bild, das zeigt ein Gegenmodell zum Kaputtschlagen von Problemknoten. In der St. Peter Kirche gibt es das Bild von „Maria Knotenlöserin". Maria, die Mutter Jesu, die mit unendlicher Geduld ein verknotetes Band wieder aufdröselt.

Maria macht das so ganz anders als Alexander der Große. Maria war auch nicht Herrscherin über Asien und hat keine Kriege geführt. Maria war Mutter. Ich will manchmal auch lieber Probleme mit einem Schlag lösen, wenn es sein muss, mit Gewalt. Und trotzdem finde ich die Art, wie Maria das Problem gelöst hat, sympathischer.

Zum einen ist das Seil nach einem brutalen Schlag mit dem Schwert einfach nur kaputt und nicht mehr zu gebrauchen. Wer Probleme mit einfachen Mitteln zerschlägt, hinterlässt nicht selten ein Trümmerfeld. Und damit wieder neue Probleme, die zu lösen sind.

Zweitens haben die Physiker Piotr Pieranski und Andrezj Stasiak herausgefunden, dass es eigentlich unmöglich ist, einen Knoten zu binden, der nicht zu lösen ist. Und das sagt mir: Gordische Knoten – also Probleme, die wirklich nicht mehr gelöst werden können – gibt es vielleicht gar nicht so häufig. Und: mit Geduld und Intelligenz kann ein Problem gelöst werden und das Seil bleibt trotzdem heil.

Wenn etwas genormt ist, dann kann uns das das Leben erleichtern. Zum Beispiel beim Papier. Wie groß ein Blatt Papier ist, wissen wir alle. Die Größen Din A4 und Din A5, sind uns allen seit der Grundschule geläufig. Mit und ohne Rand. Auf der anderen Seite erinnert jedes Din A4 Blatt auch an die Effektivität und Grausamkeit des Krieges.

Genaugenommen an den Ersten Weltkrieg. Denn als der tobte, fiel der deutschen Rüstungsindustrie auf, dass es ohne Industriestandards mühsam ist Panzer, Kriegsschiffe und Gewehre herzustellen. Denn wenn jeder seine eigenen Schrauben herstellt, ist es ganz schön schwierig, wenn mal was kaputt geht. Also gründete man heute vor genau

100 Jahren den „Normenausschuss der deutschen Industrie" und der legte nach und nach die „Deutsche Industrienorm" Kurz DIN, fest.

Was da zur Unterstützung der Kriegsindustrie geboren wurde, normiert bis heute unseren Alltag. Und das macht es uns ja auch ganz oft leichter. Wie eben beim Papier. Aber wehe, ich möchte ein anderes Format haben oder ich weiche von der Norm ab. Dann wird es oft schwierig.

Und das ist nicht nur bei Papier und Schrauben so. Auch Menschen machen die Erfahrung, dass es nicht so leicht ist, wenn man anders ist. Wenn man nicht der Norm entspricht. Und da merke ich: Was bei Papier und Schrauben gut und richtig ist, ist auf den Menschen übertragen schlimm. Und ich frage mich: Was wäre wohl gewesen, wenn sie vor 100 Jahren keine Industrienorm erfunden hätten? Vielleicht hätte ja die Kriegsindustrie nie diese grausame Effektivität entwickelt? Auf jeden Fall hätten wir lernen müssen mit der Vielfalt zu leben. Und vielleicht würde es uns dann auch leichter fallen, darin ein Geschenk zu sehen.

Es gibt dunkle Mächte, die die Welt beherrschen. Das glauben jedenfalls manche Leute. Und sie glauben, dass diese dunklen Mächte uns regelmäßig hinters Licht führen.

In manchen Fällen ergibt das Sinn: zum Beispiel, wenn Dieselmotoren manipuliert werden oder Zeitungen wissentlich falsche Meldungen platzieren. Zum Glück ist das ja nicht die Regel und zum Glück können solche Betrügereien aufgedeckt werden. Aber sobald dabei von dunklen Mächten die Rede ist, wird es seltsam. Dann werden Verschwörungstheorien geboren. Und denen ist schwer beizukommen.

Jedenfalls wenn daraus ein geschlossenes Weltbild wird. Wenn sich alles nur noch um Verschwörung dreht und bei allen Meldungen und Informationen nur noch das Misstrauen im Mittelpunkt steht. Dann wird irgendwann eine Lebenseinstellung daraus, in der es nicht nur eine oder mehrere Verschwörungen gibt, sondern in der die Welt grundsätzlich vom Bösen beherrscht wird.

Dass die Welt von dunklen Mächten beherrscht wird, haben die Menschen wohl schon immer gedacht. Und schon immer gab es auch die Gegenbewegung, nämlich, dass die Welt von einer guten Macht getragen wird. Das jedenfalls erzählt die Bibel. Gott hat die Welt geschaffen und die war gut, von Anfang an. Das Böse ist dem Guten untergeordnet.

Natürlich gibt es Böses in der Welt. Und natürlich muss aufgedeckt werden, wenn uns jemand hinters Licht führen will. Aber darüber will ich nicht vergessen, dass uns versprochen ist: Die Welt und die Menschen sind im Kern gut. Das hilft mir vor allem, wenn ich selbst ohnmächtig bin, um gegen das Böse zu kämpfen. Mein Kampf ist wichtig und vielleicht muss ich da manchmal sogar bis an meine Grenzen gehen. Wenn ich aber nicht mehr kann, muss ich darüber nicht verrückt oder depressiv werden. Ich darf auch darauf vertrauen, dass sich das Gute irgendwann durchsetzen wird, weil es schon immer da war. Vom Anfang bis zum Ende.

Ich kenne keine Soldaten mehr. Sie sind aus meinem Umfeld verschwunden. Find ich schade. Dabei gab es früher in meiner Heimatstadt Bad Mergentheim mal eine Kaserne und natürlich gab es Soldaten, die in unserer Nachbarschaft wohnten. Heute gibt es nicht mal mehr Wehrdienstleistende! Die Bundeswehr und damit die Soldaten wurden irgendwie in eine Schublade gesteckt, wo ich sie heute nicht mehr sehe, außer in den Nachrichten. Dabei gab es doch mal den Bürger in Uniform. Das Prinzip, das Militär und Gesellschaft verzahnt sind.

Viele Soldaten sind heute verunsichert. Das war früher auch schon so. Ein Soldat hat einmal Martin Luther geschrieben und ihn gefragt, ob er denn mit seinem Beruf eigentlich noch Christ sein kann.

Luther hat damals in etwa Folgendes geantwortet. Ja, es stimmt, dass Gott keinen Krieg will, aber das Ziel ist vorerst noch nicht erreicht. Bis dahin gibt es leider weiterhin Gewalt und Krieg. Und deshalb braucht es auch weiterhin Soldaten. Und besser es sind Soldaten, die ein Gewissen haben und sich christlich verhalten wollen, als solche ohne innere Gewissensbindung. Soldaten können trotzdem Christen bleiben, auch wenn ihr Beruf sie immer wieder vor große Gewissensnöte stellt.

Wer heute den Beruf des Soldaten ergreift, wird vor ähnlichen Fragen stehen, die sein Gewissen und sein Christsein auf die Probe stellen. Sie müssten doch eigentlich Experten darin sein. Wer von uns Normalos steht vor solch schwierigen

Entscheidungen, wie die Soldaten in Kunduz zum Beispiel.

Schade also, dass ich keine Soldaten mehr kenne. Ihre Ansichten, glaube ich, zum Thema Gewissen werden gebraucht in unserer Gesellschaft, auch wenn ich nicht immer der gleichen Meinung bin wie sie.

Ob die Ukraine auseinander fliegt und ob in Syrien die Aufständischen mit Giftgas getötet werden kann uns hier in Deutschland ja eigentlich egal sein. Sowas sagen mir junge, mittelalte und ältere Leute.

Anderen ist das nicht egal. Jeden Montag treffen sich bei mir in der Stadt Menschen zum Friedensgebet. Das hat sich so eingebürgert. Seit über 10 Jahren. Es ist eine gemischte Gruppe. Viele ältere, aber auch jüngere und oft kommen auch Konfirmandinnen und Konfirmanden.

Oft war es einigermaßen friedlich, da hat man sich halt so getroffen, aber inzwischen ist die Lage in der Welt, in der Ukraine und in Syrien ja doch wieder so, dass es einiges zu beten gibt für die Menschen im Friedensgebet.

Und ich muss sagen: Ich freue mich, dass es diese Menschen gibt, die sich dieser Aufgabe stellen, eben jeden Montag für den Frieden zu beten. Es ist in meinen Augen ein Zeichen von Verantwortung für die Welt. In einer durch die Medien und das Internet vernetzten Welt kann ich ja doch nicht mehr so tun, als wüsste ich von nichts. Also beten. Etwas anderes bleibt uns ja auch nicht übrig als ganz normaler Bürger, der keinen besonderen Einfluss auf die Frage hat, ob Länder überrannt werden, Volksgruppen ausgerottet oder Streitmächte in Bewegung versetzt werden.

Für den Frieden kann man immer sein. Klar! Und wenn wir erschrecken zum Beispiel nach einem Amoklauf oder den Anschlägen auf das World Trade Center, ist es ganz selbstverständlich, dass wir in die Kirche gehen. Und dass es sozusagen eine dauerhafte Grundversorgung an Friedensgebet bei uns gibt, jede Woche einmal, finde ich gut.

GOTT, JESUS UND HEILIGER GEIST - DAS A UND O

Gott ist ein großer Aufräumer. Das habe ich jetzt gelernt. Und das passt mir gar nicht, weil ich ein Volltischler bin, ein Chaot. Und obendrein noch der Meinung, dass zu einem kreativen Menschen eben Chaos und Unordnung gehören. Aber dann habe ich gelernt: Alle Menschen sind kreativ. Das sagt eine wirklich Kreative, nämlich die Grafikdesignerin Eva Jung aus Hamburg. Sie ist davon überzeugt, dass wir Menschen von einem kreativen Gott herkommen. Dass wir von Gott, dem Schöpfer, geschaffen sind.

Das fand ich einleuchtend, aber ist wirklich jeder kreativ? Auch die, die immer einen aufgeräumten Schreibtisch haben?

Und dann habe ich nochmal die Schöpfungsgeschichte in der Bibel gelesen und gemerkt: Gott ist wirklich kreativ – und zwar im Aufräumen! Gott ist nicht der Künstler, der im Rausch mit Farbe um sich schmeißt oder den

Lehmklumpen bearbeitet. Gott räumt das ganze Chaos – das Tohuwabohu – auf! Da wird zuerst die Nacht vom Tag getrennt und dann Sonne, Mond und Sterne an die richtige Position gebracht.

Für mich heißt das: Wenn es ums Aufräumen oder ums Klären von verzwickten Situationen geht, dann sind kreative Menschen gefragt. Leute, die mit dem Chaos umgehen und es deshalb ordnen können, Chaos von Gegenständen oder auch Gefühlen. Ich muss also zugeben: Alle Menschen sind kreativ.

Und von Werbemenschen habe ich nun auch gelernt: Die müssen ihren Schreibtisch in der Agentur immer aufgeräumt haben.

Vaterunser im Himmel. So beten wir. Vaterunser. Es ist mir wirklich in Fleisch und Blut übergegangen, so dass ich oft nicht darüber nachgedacht habe, was das heißt: Gott als Vater. Aber manche, vor allem Frauen, finden das schwierig: Gott als Vater! Typisch machomäßig, die Männer, die sich das Gebet ausgedacht haben. Würden die Schmerzen bei der Geburt nie aushalten, aber Gott ist natürlich Vater. Dabei sind die Väter ständig abwesend. Sogar im Vaterunser heißt es ja: der du bist im Himmel. Wäre da die Mutter nicht besser? Mutterunser, hier auf der Erde?

Dass Gott ein Mann ist, ist allerdings kein Gesetz. Auch nicht in der Bibel. Da wird Gott auch mal als Mutter bezeichnet. Seit ich selbst Vater bin, sehe ich manches inzwischen anders. Ich muss gestehen: Vätern fehlt tatsächlich das Erdige und Nährende. Im Gebet wie im Leben

Als Mann und Vater habe ich nun mal nicht diese beiden „wohlig warmen Argumente", die jedes Baby super trösten und gleichzeitig ernähren können. Ich als Vater kann meine Kinder nicht ernähren, jedenfalls nicht, so lange sie gestillt werden. Und abwesend bin ich auch oft. Nicht weil ich das so will, sondern es ergibt sich halt so, dass ich sag: Ich geh dann mal, du musst ja noch stillen.

Aber dafür kann ich anderes. Wenn eines meiner Kinder nämlich schreit und sich nicht beruhigen will, kann ich sie trösten. Ich kann mit ihnen durch die Wohnung marschieren, kann sie im Tragetuch um den Bauch wickeln. Und ich kann ihnen erzählen, auch wenn sie es noch nicht verstehen. Ich habe gemerkt, dass meine Stimme sie fröhlich macht, dass sie lachen, wenn ich lache. Und ich kann ihnen erzählen von dem, was ich alles in der Welt erlebt habe, die meine Tochter noch gar nicht kennt und dass die Mama bald wiederkommt.

Gott der Vater ist vielleicht oft abwesend, aber immerhin erzählt er vom Himmel, der auf die Erde kommt. Oder anders ausgedrückt: Die Mama kommt wirklich bald wieder zurück.

G ott ist ein Egoist." sagt Tobias. Er hat nämlich gelesen: „Du sollst den Herrn, deinen Gott lieben von ganzem Herzen und mit aller Deiner Kraft." Und da sagt Tobias: „Da sehen wir es, Gott denkt auch nur an sich. Und nur an sich denken ist ja nicht gut. Das ist egoistisch."

Andere in der Gruppe widersprechen Tobias. Ich muss gar nicht mehr in das Gespräch eingreifen, die Jugendlichen sind bei der Sache und diskutieren.

Irgendwann fallen zwei Worte: Das „Eigentliche" und das „Äußere". So philosophisch hatte ich das gar nicht erwartet. Was ist damit gemeint mit dem Eigentlichen und dem Äußeren? Frage ich und bekomme einen Fall konstruiert, damit es mir klar wird.

Also, sagen die Jugendlichen, wenn der Chef einer Firma nur daran denkt, dass er selbst möglichst viel Geld verdient, ihm die Angestellten und die Firma aber völlig egal sind, dann handelt er egoistisch und denkt nur an das Äußerliche, das Geld nämlich.

Führt er aber seine Firma so, dass es der Firma gut geht, so dass sie lange bestehen kann und sorgt er dafür, dass er den Mitarbeitern eine gute und faire Arbeit bietet, dann schaut er eben nicht mehr nur aufs Geld, sondern eben auf das Wohl seiner Firma und der Mitarbeiter. Er denkt nicht nur an seinen persönlichen Gewinn, sondern an das „Eigentliche".

Das Eigentliche. Das gefällt mir. Ich schlage vor, bei dem Jesus-Satz das Wort Gott durch das Wort „das Eigentliche" zu ersetzen. „Du sollst das Eigentliche lieben von ganzem Herzen und mit aller deiner Kraft."

„Naja, so gesehen," sagt Tobias „ist Gott doch kein Egoist. Gott ist das Eigentliche."

Bei der Bahn gilt: Wer keinen gültigen Fahrschein hat, muss zahlen. Wenn man aber eine begründete und gute Entschuldigung vorbringt – der Kartenautomat hat gesponnen oder die Monatskarte lag aus Versehen zu Hause – dann zeigt sich die Bahn kulant. Das allerdings geht nur einmal innerhalb eines Jahres. So hat man es mir erzählt. Ich hatte nämlich eine falsche Karte gestempelt und wollte bei der Einspruchstelle um Verständnis bitten, aber der Mann hinter dem Schalter konnte keine Gnade walten lassen. In seinem Computer sah er nämlich, dass die Bahn vor einem dreiviertel Jahr schon einmal kulant zu mir war. Ein zweites Mal geht nicht.

Wie das Gott dereinst mit mir regeln wird wenn ich sterbe, habe ich mich gefragt? Schaut der sich auch erstmal die Einträge in seinem Computer an? Werden die auch erst nach einem Jahr gelöscht? Ein Jahr lang mit korrektem Fahrschein fahren kriege ich wohl hin, aber: ein Jahr lang ohne, dass Gott etwas an mir auszusetzen hätte?

Ich glaube, dass Gott nicht nur in seinen Computer schaut, sondern in mein Herz. Der Mann von der Bahn kann das nicht. Er kann nicht wissen ob ich aus Vorsatz oder aus Schusseligkeit gehandelt habe. Er sieht meine Liste an und dann muss ich dafür eben gerade stehen. Die Bahn kennt keine Gnade. Muss sie auch nicht.

Gott hat vielleicht auch so einen Computer, in dem er alle Einträge sehen kann. Aber was der Mann von der Bahn nicht kann, das kann Gott. "Gott sieht das Herz an!", steht in der Bibel. Das heißt er durchschaut mich.

Ohne gültigen Fahrschein darf ich nicht Bahn fahren. Das ist klar. Dafür muss ich in Zukunft selbst die Verantwortung tragen. Aber das ist ja auch nicht so schwer. Ich muss ja der Bahn nur das Geld geben, was ihr zusteht und ihr nicht mein Herz schenken. Mein Herz hängt nicht an der Bahn. Die könnten damit auch gar nichts anfangen. Es hängt an Gott. Und der schaut es gnädig an.

Die Hafencity in Hamburg ist ein riesiges Gelände, das früher einmal zum Hafen gehörte. Jetzt ist da alles neu. Und es ist alles sehr schick da. Die Läden sind sehr fein und sehr teuer und die Firmen, die hier ihren Sitz haben, sind wahrscheinlich oben angekommen.

Und mitten in diesen großen und schicken Häusern stand früher eine unscheinbare Baracke. Vielleicht doppelt so groß wie ein Wohncontainer. Allerdings mit einer Holzverkleidung. Die Tür ist groß und aus orangenen Punkten war ein Kreuz geformt. Das hatte mich natürlich interessiert. Und tatsächlich: Es war eine Kirche oder vielleicht besser eine Kirchenbaracke in einem Meer aus hohen Häusern. Diese Kirche war klein und schlicht und wenn man sich reinsetzte, dann sah man auf ein Heizkraftwerk. Alles andere als idyllisch. Aber es hat mich fasziniert und daran erinnert, dass in der Bibel davon erzählt wird, dass das erste Gotteshaus eben kein Haus war, sondern ein Zelt. Ein einfaches Zelt, das auch mitzieht mit den Menschen.

So ungefähr war das auch in der Hafencity. Und das schönste, fand ich, dass auch Menschen kamen. Einfach so, die sich mal hinsetzten und still waren. Für Gott braucht es keine große Hütte. Es langt ein Zelt oder eine Baracke. Und für die Menschen braucht es auch nicht viel, im Gegenteil, es braucht wahrscheinlich weniger, wenn sie zu sich und zu Gott finden wollen.

Die Kirchenbaracke ist dann weitergezogen - wie in der Bibel das Zelt - hat mit jemand erzählt. Diesmal nach Sylt. Finde ich auch passend. Eine Baracke Gottes auf der Insel der Reichen und Schönen. Gott ist eben nicht nur bescheiden, sondern auch anders.

Physiker werden ja gerne gefragt, was sie denn so von Gott wüssten. Schließlich haben sie ja im CERN in Zürich das Gottesteilchen gefunden und jagen der Weltformel nach. So nennen das jedenfalls die Medienmacher auf der Suche nach griffigen Titeln.

Physik erklärt die Welt. Warum sollte sie nicht auch Gott erklären oder besser, erklären, dass es Gott nicht gibt? Wenn sie schon mal beim Forschen sind.

Der Physiker Harald Lesch allerdings ist über diesen Hype verwundert. Er vermutet: Die Menschen denken bei Gott an einen Gott, der ganz weit weg ist. Und weil sich Physik, vor allem die Astrophysik, mit den Dingen beschäftigt, die so weit weg sind, glauben sie, Physiker hätten darüber etwas zu sagen. Als Theologe und Pfarrer habe ich gelernt: Gott wohnt nicht ganz weit weg, er ist ganz nah bei uns. Und wenn das so ist, warum frage ich dann nicht den Bäcker meines Vertrauens nach Gott?

Ja, meinen Bäcker um die Ecke. Schließlich hat mir meine Oma das Beten beigebracht. Der alte Kinderkirchhelfer Hertlein hat mir die Geschichten aus der Bibel erzählt. Meine Eltern haben mir

Gottvertrauen geschenkt. Das war alles ganz nah. Nichts in den Sternen. Frage ich also meinen Bäcker.

Und der hat gesagt: Gott ist da, wo du geliebt wirst. Wo du dich angenommen fühlst, so, wie du bist. Auch wenn du mal Mist gebaut hast. Gott ist da, wo Liebe ist. Fertig. Ist keine physikalische Antwort, aber eine, die ganz nah ist. Und weil mir das tatsächlich mal ein Bäcker gesagt hat, erinnert mich das an Martin Luther der mal gesagt hat: Gott ist ein glühender Backofen voller Liebe.

Träume nicht dein Leben, sondern lebe deinen Traum. Mich überzeugt diese Weisheit sofort. Seine Träume wahrmachen, das hat was. Bei manchen Träumen kommt man allerdings auch ins Stocken. So ging es einem Mann, der einmal zu mir kam und mir seinen Traum erzählte. Und nun fragt er mich: „Kann es sein, dass Gott durch Träume zu einem redet?"

Ich denke nach. Die Bibel erzählt immer wieder von Menschen, die einen Traum hatten und sagten: Da hat Gott zu mir geredet. Jakob zum Beispiel. Der war auf der Flucht vor seinem Bruder und eines Nachts träumte er von einer Leiter, auf der Engel die ganze Zeit hoch und runter kletterten und dass Gott ihm versicherte, dass er immer bei ihm bleiben werde. Also zog Jakob weiter seinen Weg.

Oder Josef, der hat geträumt, dass ihn ein Engel warnt, nicht in Bethlehem zu bleiben, sonst würden die Soldaten des Königs das kleine Jesuskind töten. Er floh auf der Stelle.

So gesehen: Ja, Gott kann durch Träume zu den Menschen sprechen.

Und was hat der Mann, der jetzt bei mir saß geträumt? Er hat von einem Wald geträumt in dem er nackt zusammengekauert saß und da kam immer nur ein Satz: Es ist gut!

Für ihn war es ein Zeichen, dass er seine Zweifel und seine Trauer über seine Scheidung loslassen kann. Ihm hat der Traum gut getan. Ihm geht es jetzt besser. Er ist viel fröhlicher seitdem.

Ich mag gerne glauben, dass Gott in diesem Traum zu ihm gesprochen hat. Ein Traum, der ihn wieder zum Leben gebracht hat.

Als Jugendliche haben meine Freunde mit mir oft über meinen Religionsfimmel diskutiert. Einmal wollten sie wissen: Wenn Jesus so wichtig ist, was ist eigentlich mit den Leuten, die vor Jesu Geburt gelebt haben. Sind die jetzt alle verloren?

Ich weiß nicht mehr, was ich meinen Freunden damals geantwortet habe, aber die Frage ist geblieben und nun wieder aufgetaucht, als ich das Südtiroler Archäologiemuseum in Bozen besucht habe. Dort kann man nämlich den Ötzi bestaunen. Einen Menschen, der vor 5000 Jahren gelebt hat und im Eis bestens konserviert wurde.

Wie ist das also mit Ötzi? War der verloren, weil er in der Zeit vor Jesus gelebt hat? Ganz so verloren kann er nicht sein, denke ich, denn: Ötzi wird heute verehrt wie ein Heiliger! Im Museum geht es bisweilen zu wie bei einer Wallfahrt.

Das Allerheiligste ist ein dunkler Raum und es dauert sehr lange, bis wir drankommen. Die Schlange drängelt sich an einem 40 mal 50 Zentimeter großem Fenster vorbei. Es gibt ein Podest, das man auf seine Höhe einstellen kann. Und alle stecken ihren Kopf ganz nah an das kleine Fenster. Nicht auszuschließen, dass manche

Lippen die Scheibe berühren. Dahinter in einer eisigen Kammer der Ötzi, bei exakt -6,1 Grad und einer Luftfeuchtigkeit von 98%. Sollte einmal die Kühlung ausfallen, ist für Ötzi immer eine Kühlkammer im Krankenhaus in Bozen reserviert!

Der Otzi ist ein wahrer Eisheiliger, denke ich, aber gleichzeitig hoffe ich: Bei Gott ist er jetzt wärmer aufgehoben. Denn ich gehe tatsächlich davon aus, dass auch der Ötzi ein Geschöpf Gottes war und Gott ihn deshalb auch geliebt hat und immer noch liebt. Und ich hoffe, das hat ihm jemand zu Lebzeiten auch mal gesagt: dass er ein wertvoller und geliebter Mensch ist. Das wärmt nämlich mehr als die Verehrung im ewigen Eis. Und ich glaube, dass man dann auch was von Gott spürt, egal ob man nun vor oder nach Jesus gelebt hat.

Also, manchmal bin ich ja schon eigensinnig und mache nicht das, was mir mein Navi im Auto sagt. Vielleicht weil ich es besser weiß oder weil ich mir unsicher bin, ob das Navi mit seinen Karten auf dem neuesten Stand ist. Manchmal pfeif ich auch einfach drauf. Und manchmal fällt mir auch ein, dass ein Umweg sich lohnen könnte, weil es da doch noch ein nettes Restaurant gibt, in das ich schon lange mal wieder wollte.

Ich kann das Volk Israel jedenfalls gut verstehe, von dem in der Bibel erzählt wird, das es 40 Jahre gebraucht hat, um den Weg von Ägypten nach Israel zu finden. Ehrlich, so lang ist der Weg gar nicht und das beste: Die hatten auch schon ein Navi. Denn da wird erzählt, dass Gott Israel eine Feuersäule in der Nacht und eine Wolkensäule am Tag schickt, damit sie den Weg finden. Ein göttliches Navi also. Richtig genial, aber es hilft halt nur, wenn man sich auch dran hält.

Dem himmlischen Navi war es jedenfalls egal, wenn die Israeliten sich nicht daran gehalten haben. Es hat nicht aufgehört den richtigen Weg zu weisen. So wie bei einem Autonavi eben. Auch wenn ich den Umweg fahre um einen guten Blick auf einen See zu bekommen, zeigt mir das Navi, wie ich wieder auf die richtige Stecke komme.

Es stimmt. Wer sich nicht an sein Navi hält, der kommt nicht so schnell und effektiv voran. Aber ob derjenige, der schnell und effektiv vorankommt auch die interessanten Seiten des Lebens entdeckt?

Das Volk Israel hat sich 40 Jahre Zeit gelassen für seinen Weg. Das himmlische Navi war weiterhin da. Und vielleicht braucht man einfach auch so lange, um den Weg richtig zu gehen. Das ist dann manchmal vielleicht eigensinnig, nicht besonders effektiv und manchmal ist der Weg auch ganz falsch, aber manchmal eben auch richtig schön und ich glaube, die Zeit habe ich, weil Gott sie mir gibt.

Was ist für euch ein richtiger Vater? Mit welchem Bild würdet ihr ihn beschreiben? Das war unsere Frage an die Konfirmanden. Wir waren erstaunt! DAS Symbolbild für den Vater war: Superman! Mit Bizeps, Sixpack, blauem Strampelanzug und Cape! Fast alle Konfis hatten keine Scheu zu sagen: Das ist unser Bild von einem richtigen Vater!

Manche haben diesem Super-Vater noch einen Richter-Vater in Robe dazugestellt, aber sonst war Papa einfach ein toller Hecht, ein Held, der alle beschützt.

Uns vom Team hat das gefreut, dass Jungs und Mädchen mit 13 oder 14 so positiv von ihrem Vater denken. Als wir dann den Vätern die Bilder zeigten, fühlten die sich zwar geschmeichelt, aber auch überfordert. So stark seien sie doch nicht. Dabei, fand ich, haben sie ziemlich starke Sachen von sich erzählt: Zum Beispiel, dass sie noch nie ihre Kinder geschlagen haben, obwohl sie selbst noch etwas anderes erlebt haben. Das hat uns gefreut. Das passt zwar nicht so sehr zu Superman, aber es passt zu dem, was Jesus über einen richtigen Vater sagt.

Einmal erzählt er nämlich von einem Vater, der zwei Söhne hat. Der jüngere will sein Erbe ausbezahlt haben. Der Vater gibt es ihm und lässt ihn ziehen. Dann bringt der Sohn das Geld durch. Er kehrt ziemlich zerknirscht zu seinem Vater zurück und will sich von ihm als einfacher Tagelöhner einstellen lassen. Aber der Vater ist nur froh, dass der Sohn wieder da ist. Er tadelt ihn nicht, sondern richtet ein Fest für ihn aus.

Das ist keine Superman-Geschichte. Der Vater macht den Sohn nicht einfach fertig. Kein „Siehste" oder „Ich habs Dir doch gesagt!" Er nimmt in einfach in den Arm. Ein starkes Stück.

Mit der Geschichte erzählt Jesus nicht von seinem Wunschvater. ER erzählt von Gott, mit dem er solche Erfahrungen gemacht hat. Gott ist wie ein Vater, der seine Kinder eigene Wege gehen lässt und wieder bei sich aufnimmt, wenn es

Schwierigkeiten gibt. Ein richtig guter Vater eben. Ganz ohne Strampelanzug und Cape.

Im Namen des Vaters und des Sohnes und des Heiligen Geistes." Das hört man immer wieder vom Papst und auch jeden Sonntag im evangelischen Gottesdienst. Und der Sonntag nach Pfingsten ist der Feiertag dazu: Trinitatis - Dreieinigkeit.
Vater, Sohn und Heiliger Geist. Damit ist Gott gemeint, wie ihn Christen verstehen. Verwirrend.

Manche meinen nämlich, dass Christen an drei Götter glauben. Das ist aber nicht so. Christen glauben an einen Gott. Der aber verschiedene Seiten hat, von denen wir ihn sehen können. Wie ein Vater, der die Hausordnung erstellt und den Menschen Gesetze mitgibt, nach denen sie leben können. Wie ein Gottessohn, ein Mensch, in dessen Gesicht wir Gott erkennen. Und wie eine Kraft, ein Geist, der uns auf Trab und in den rechten Schwung bringt.

Auch wenn es kompliziert ist. Ich finde diese Vorstellung von Gott wichtig. Aus zwei Gründen.

Erstens: Gott ist immer anders als wir es uns vorstellen. Man kann ihn nicht in eine Schublade stecken, er bleibt ein Geheimnis.

Zweitens: Menschen sind auch immer anders. Und es geht ihnen immer wieder anders. Das passt zu dem Gott, der auch immer anders ist. Der auf die verschiedenen Menschen eingehen kann. Gott ist sozusagen beweglich. Ich finde das sehr menschenfreundlich.

Die Bibel drückt es an einer Stelle so aus: Gott ist die Liebe. Die Liebe zeigt sich für Christen darin, dass Gott diese wunderbare Welt erschaffen hat. Die Liebe zeigt sich in Jesus, der sie mit jeder Faser seines Lebens verkörpert hat. Und die Liebe zeigt sich als die Kraft, die uns beflügelt und die uns hilft, neu anzufangen. Im Namen des Vaters und des Sohnes und des Heiligen Geistes eben.

Manchmal hätte ich gerne so eine Überzeugungskraft wie Jesus sie gehabt hat. Vor allem als Religionslehrer in der Schule. Da frage ich irgendwas und jede Antwort beginnt mit einem „Keine Ahnung... Pfff." Manchmal nervt mich das so, dass ich mein Gegenüber gern mal schütteln würde: Dann denk halt mal nach!

Geht natürlich nicht, mit dem Schütteln, meine ich. Deshalb belasse ich es bei einem Augenrollen. Und dann erkläre ich mein Anliegen nochmal.

Wie kriegt man das hin, dass jemand selber denkt und sein Leben in die Hand nimmt? Jesus konnte das. Der hatte irgendwie eine andere Autorität: Zum Beispiel kam er einmal an den Teich Bethesda. Das war so eine Art Kureinrichtung bei Jerusalem. Und da gab es einen Teich, der einen gesund machen konnte. Aber nur, wenn sich das Wasser bewegt. Der erste, der also drin war, der hatte die Chance gesund zu werden. Und so gab es da einen Kranken, der lag 38 Jahre am Teich rum. Der jammerte rum und sagte zu Jesus: Keiner trägt mich in den Teich, wenn sich das Wasser bewegt. Immer sind andere schon vor mir da. Ich will ja schon gesund werden. Keine Ahnung, wie das geht. Das interessante: Jesus hat ihn weder geschüttelt, noch mit den Augen gerollt. Er hat ihn jetzt auch nicht an den Teich getragen. Er sagt einfach: „Steh auf, nimm deine Matte und geh." So einfach. Was muss Jesus für eine Autorität gehabt haben!

Aber vielleicht geht's noch um mehr als nur um Autorität: Wer keine Ahnung hat, dem soll man die Möglichkeit geben, dass er eine bekommt. Nichts vorkauen, nicht hin und hertragen. Ihm was zutrauen, an ihn glauben und dann ihn selber gehen lassen. Bei Jesus hat das jedenfalls gewirkt. Ob ich das so kann? Vielleicht hilft es schon, beim nächsten „Keine Ahnung." Nicht die Augen zu rollen. Sondern sich und dem anderen Zeit zu lassen. Bei dem Mann am Teich Bethesda hat's immerhin auch 38 Jahre gedauert.

Jetzt soll alles gleich gemacht werden. Das befürchten viele, wenn sie das Wort Gender hören. Gender meint ja: es gibt neben dem biologischen Geschlecht noch sowas wie eine Geschlechterrolle, die besagt, was Männern und Frauen rechtlich zusteht. Dass z.B. dem Mann nach der Geburt seines Kindes eine Elternzeit zusteht. Auch wenn er nicht stillt. Und dass die Frau auch ohne Erlaubnis des Ehemannes arbeiten darf und als geschäftsfähig gilt. Das gilt für Frauen in Deutschland erst seit 1962. Biologisches Geschlecht und gesellschaftliche Rolle sind inzwischen zwei verschiedene Dinge.

Zur Zeit Jesu war das mit dem Gender besonders krass. Damals war klar: Ein Mann ist für seine Frau verantwortlich. Sie ist ja auch sein Besitz. Deshalb ist es dem Mann auch möglich, sich von seiner Frau scheiden zu lassen. Für eine Frau dagegen ist es nicht möglich, sich von ihrem Mann scheiden zu lassen. Welcher Besitz kann sich schon von seinem Besitzer trennen?

Aber Jesus hat die Geschlechter gleich gesehen in ihrem Wert und hat dann ganz radikal gesagt: Ehescheidung geht gar nicht! Auch nicht für den Mann.

Das war unglaublich fortschrittlich für die damalige Zeit: Mann und Frau sind gleichberechtigt! Und der Mann hat kein Vorrecht, nur weil er ein Mann ist. Für Jesus war wohl klar: so lange Frauen keine Rechte haben, muss ein Mann lebenslang für sie sorgen. Nach dem Motto: einmal verheiratet, immer verheiratet.

Heute ist das anders: Beide haben das Recht, sich aus einer Ehe wieder zu verabschieden. Männer und Frauen sind für sich selber verantwortlich. Das ist nicht einfach, das mit der Gleichberechtigung. Aber die Gleichberechtigung von Mann und Frau, die war Jesus schon wichtig. Und auch deshalb finde ich es gut, dass wir weiterhin fragen: Wo gibt es weiterhin Ungerechtigkeiten zwischen den Geschlechtern, die aufgehoben werden müssen.?

Es braucht ein Oben und ein Unten, damit etwas fließt. So ist das beim Wasser. Und wie ist das in einem Gottesdienst? Ein Freund meinte: Da braucht es einen, der das Wissen hat, also den Pfarrer, der ist dafür zuständig, dass die anderen das Wissen bekommen. Das Wissen fließt sozusagen von der Kanzel von oben nach unten, wo die Leute in den Bänken sitzen.

Dass es ein Oben und ein Unten gibt, das ist in uns Menschen wohl so drin. Gott vermuten wir oben und uns Menschen unten. Und dann soll Gott uns Gutes tun oder den Bösen die Strafen von oben schicken.

An Weihnachten feiern wir es allerdings andersherum: Gott kommt auf die Erde. Und jetzt ist Gott unten. Ist ein kleiner und hilfloser Mensch, der aber das Potential, hat ein ganz Großer zu werden. Und gerade so hat Gott uns etwas zu sagen, sozusagen von Mensch zu Mensch. Auf Augenhöhe.

Die Glücksforschung hat übrigens herausgefunden: Es braucht kein oben und unten, damit etwas fließt. Es fließt auch hin und her, und dann verstärkt es sich gegenseitig. Wenn zum Beispiel etwas gut klappt. Dann haben meistens Leute zusammengearbeitet, die sich gegenseitig inspiriert haben. Man nennt das auch den Flow. Da greift ein Rädchen wie selbstverständlich in das andere, eine Idee folgt auf die nächste. Wenn man gemeinsam etwas geschafft hat, was man alleine nie hätte schaffen können. Da fließt etwas.

Gott ist dann nicht oben und wir sind nicht unten. Gott ist mittendrin und voll dabei.

Sechsjährige Jungs wollen wie Superhelden sein. Und in der Schule fragen mich die Erstklässler in der Pause nach allen Superhelden aus. Und so erzähle ich. Bruce Banner wird grün und groß, wenn er wütend wird. Dann wird er zu Hulk. Und Peter Parker ist von einer mutierten Spinne gebissen worden. Seitdem ist er Spiderman und trägt, wenn nötig, einen enganliegenden rotblauen Anzug und krabbelt die Wände hoch. Ich weiß echt viel über Superhelden. Und jetzt kann ich es mir doch nicht verkneifen zu fragen: „Findet ihr eigentlich, dass Jesus auch so ein Superheld ist?" „Klar", meint da einer, „der heilt doch die Menschen!"

Man mag mich eines Besseren belehren, aber mir ist tatsächlich kein Superheld eingefallen, dessen Superkraft darin besteht, andere zu heilen. Ein Superheld ist einer, der mit Geschick und vor allem viel Kraft seine Ziele durchsetzt oder von mir aus auch anderen Menschen hilft. Aber Superheiler kenne ich nicht.

Jesus jedenfalls haut keine Autos durch die Gegend oder vermöbelt Menschen. Er heilt. Und das ganz unspektakulär. Und er isst und trinkt mit Menschen. Er ist gesellig, versteckt sich nicht hinter einer Maske und als sein eigenes Leben in größter Gefahr ist, wendet er eben keine Superkräfte an.

Jesus ist viel menschlicher als Spiderman oder Hulk. Er hilft und heilt, so gut er kann. Er gehört zu den Guten. Und zu denen wollen sechsjährige Jungs meistens dann doch auch gehören. Und weil Jesus so menschlich ist, glaub ich, dass da jeder so ein Superheld werden kann, auch die Erstklässler.

Im Ersatzteillager wurde das Urteil über den Keilriemen eines Käfers Baujahr 1970 in der

Inventur gesprochen. Er musste raus, nachdem er über Jahre schon einigen im Lager aufgefallen war und unschlüssig von einer Schublade in die nächste wanderte. So war das bei meinem Ferienjob in einer Autowerkstatt als Schüler.

In der Bibel gibt es auch eine Art Inventur. Die wird dann Gericht genannt. Hört sich schlimm an. Wer will schon vor Gericht landen. Aber vielleicht halten Sie ja heute auch Gericht:

Was hat sich denn in meinem Leben über das Jahr 2008 so angesammelt? Was wurde wie ein alter Keilriemen von einer Schublade in die andere verfrachtet und müsste eigentlich schon lange raus? Was habe ich denn erreicht im vergangenen Jahr und was nicht? Über manches fällt man leicht sein Urteil. Bei anderem tut es weh, dass es so gekommen ist.

Bei der Inventur in der Autowerkstatt fand man aber auch heraus: da gab es auch Schubladen für Ersatzteile, die waren fast leer. Keiner hatte es bis dahin so richtig bemerkt. Dabei brauchte man die Ersatzteile ständig. Die Inventur brachte diesen Mangel an den Tag. Die Schubladen wurden wieder gefüllt.

Das darf man auch bei der persönlichen Inventur jetzt am Jahresende auf keinen Fall vergessen. Sich auch die Frage zu stellen: Was brauche ich denn noch? Was fehlt mir? Wo bin ich völlig leer geräumt und wo kriege ich denn die Ersatzteile her?

Und so ist das bestimmt auch, wenn Gott Inventur macht mit mir: Dass er auch meine leeren Schubladen bemerkt, meine Bedürftigkeit und das, was mir fehlt. Und sicher wird Gott seinen Lageristen anweisen, für Nachschub zu sorgen. Damit es im nächsten Jahr gut weiter geht.

Bei meiner allerersten Beerdigung waren wir zu viert. Der Organist, mein Ausbildungspfarrer, der Sohn des Verstorbenen, und ich.

Dabei hätte es noch viel mehr Menschen gegeben. Es gab noch zwei Töchter und mehrere Enkel. Sie sind alle nicht gekommen. Sie wollten mit der Beerdigung und dem Tod ihres Vaters nichts zu tun haben. Dabei hatte der Sohn alle eingeladen und auch gedacht, dass sie kommen. Ziemlich traurig, das alles.

Waren es Gleichgültigkeit oder doch so tiefe Verletzungen, die es den Angehörigen unmöglich machten, an der Beerdigung teilzunehmen? Ich kann mir jedenfalls Fälle vorstellen, bei denen die Angehörigen wirklich die Trauerfeier eines Menschen nicht besuchen, weil sie schlicht nicht trauern, sondern immer noch zornig, gedemütigt und verletzt sind. Ich konnte für meine erste Beerdigung nicht herausfinden, was der Grund war. Was auch immer: Ein Satz aus der Bibel bekam für mich damals eine besondere Bedeutung:

„So spricht Gott der Herr, ich habe Dich bei deinem Namen gerufen, Du bist mein!" Das war wichtig, denn es war klar. Wenn der Sohn nicht mehr ist, dann wird keiner mehr an den Verstorbenen denken, geschweige denn vermissen. „Du lebst in unseren Erinnerungen weiter..." Der Spruch hatte sich hier schnell erledigt.

Aber dass Gott ihn gerufen hat und der Verstorbene zu ihm gehört, das wog schwerer, jedenfalls für mich. Was auch immer der Verstorbene war, was er falsch oder richtig gemacht hat in seinem Leben, ob diejenigen, die nicht zu seiner Beerdigung gekommen sind, einen Grund hatten oder nicht. Er gehört zu Gott. Und ist bei ihm gut aufgehoben. Das hat mich sogar an dieser traurigen Beerdigung getröstet.

Für mich wünsch ich mir eine große Trauerfeier. Aber eines Tages wird auch der letzte gestorben sein, der dabei war und nicht mehr an mich denken. Selbst dann, glaube ich, bin ich nicht vergessen.

Vertrösten ist doof. Nein, Kindergarten ist erst in zwei Wochen. Eis gibt es erst nach dem Mittagessen. Das finden meine Kinder doof. Und was sie gar nicht leiden können, ist: „Das verstehst Du noch nicht, dafür bist Du noch zu klein! Wenn Du groß bist, verstehst Du das." Das ist eine doofe Antwort. Aber manchmal ist es so. Wenn meine Frau als Ärztin etwas über Diabetes erzählt und den so genannten Langerhans-Inseln, dann können unsereKinder damit einfach nichts anfangen und wundern sich, dass scheinbar ein Meer und Inseln in unserem Bauch sind.

Aber natürlich wollen wir ihnen trotzdem eine Antwort geben, die sie einschätzen und bewerten können. „Diabetes macht Bauchweh". Ist nicht wirklich richtig, aber mit Bauchweh können die Kinder was anfangen. Den Rest werden Sie später kapieren. So wie wir erst als Eltern verstanden haben, warum unsere Eltern uns mit diesem doofen Satz genervt haben. Warte ab, bis du selber Kinder hast. Jetzt sind wir schlauer.

Vertrösten ist doof, ist aber manchmal nichts als die Wahrheit. Jesus vertröstet seine Jünger auch. Es sagt einmal zu ihnen: „Wenn der Geist der Wahrheit kommen wird, wird er euch in alle Wahrheit leiten." Also: Einmal werdet ihr alles verstehen, was euch bis jetzt verschlossen ist. Nicht jetzt, aber dann.

Wann soll das sein? Vielleicht ist es wirklich erst dann, wenn nichts mehr geht, wenn wir so „groß geworden" sind, dass wir gar nicht mehr da sind. Manchmal denke ich: Ja, das kann auch wirklich ein Trost sein: Ich werde es nicht hier und jetzt verstehen, aber dann dort werde ich alles verstehen. Das finde ich dann nicht doof. Da bin ich doch mal gespannt.

MITEINANDER IM GESPRÄCH BLEIBEN

Wenn Paul McCartney „Hope of deliverance" singt, sollen schon Menschen verstanden haben: Hau auf die Leberwurst! „Hope of deliverance" „Hau auf die Leberwurst". Wenn man es singt, versteht man diesen Verhörer noch besser. Und er ist witzig.

Vollkommen unwitzig ist es, wenn die Kommunikation überhaupt nicht klappt. Weil jeder etwas anderes verstehen will oder den anderen nicht verstehen kann. Ich habe mal eine rote Hose geschenkt bekommen, obwohl ich vorher ausdrücklich gesagt habe, dass ich keine rote Hose haben möchte. Da die Person allerdings rote Hosen damals toll fand, bekam ich sie trotzdem. Sie hatte meine Abneigung gegen die rote Hose einfach nicht gehört. Und ich bin geneigt, ihr das zu glauben. Weil wir manchmal auf einem oder sogar beiden Ohren taub sind.

Offensichtlich ist das ein uraltes Phänomen und schon vor dreitausend wussten die Menschen, dass Kommunikation nicht immer klappt. Und wenn sie klappt, dann ist das wie der Himmel auf Erden. Über Gottes Wort heißt es darum mal an einer Stelle: „Das Wort wird das bewirken, wozu ich es ausgesprochen habe." (Jes 55, 11)

Ach ja, das wäre schön, wenn wir uns immer genau so verstehen würden, dass auch genau das ankommt, was wir sagen.

Mir sagt das: Miteinander sprechen ist schwieriger, als man sich das vielleicht so vorstellt. Und miteinander sprechen heißt offenbar vor allem: Aufeinander hören. Damit das Wort auch wirklich das bewirkt, wozu es gesprochen wurde. Dann versteht man eben nicht mehr „Hau auf die Leberwurst", sondern „Hope of Deliverance": Und Das heißt dann nämlich: Hoffnung auf Erlösung! Erlösung von Missverständnissen wär' ja schon mal was.

Stellen Sie gefälligst ihr Auto nicht so dämlich in den Hof." Das steht auf dem Zettel am Scheibenwischer meines Autos. Mehrmals mit

Blumendraht umwickelt. Nette Begrüßung nach zwei Wochen Urlaub.

Ich kann nicht wirklich erkennen, was eigentlich mein Vergehen ist. Man kann an dem Auto vorbeifahren, ich habe niemanden zugeparkt. Vielleicht steht es nicht ganz exakt gerade, aber noch lange kein Grund mir seinen Ärger mit Blumendraht um den Scheibenwischer zu wickeln. In mir steigt die Wut hoch, ich bin total empört. Wie kann man nur. Und überhaupt: Der hat meinen Scheibenwischer mit Blumendraht kaputt gemacht.

Innerlich stoße ich die wüstesten Beschimpfungen aus. Da sehe ich, dass auf dem Zettel auch der Name und die Adresse steht. Immer noch bin ich auf 180: Na, der kann aber was erleben! Aber dann weiß ich plötzlich auch nicht mehr so recht...

Offensichtlich hat mein Nachbar sich geärgert und jetzt ärgere ich mich. Dabei haben wir uns noch nie unterhalten. Bisher spielt das alles ja nur in meinem Kopf. Ich weiß ja gar nicht was ihn so geärgert hat. Kann es sein, dass ich zwar den Splitter im Auge des anderen sehe, meinen Balken im Auge aber nicht? Und plötzlich frage ich mich, ob ich vielleicht doch was falsch gemacht habe?

Also bin ich hingegangen und habe gesagt: „Ich habe gelesen, dass sie sich über mich geärgert haben und möchte gerne wissen, warum."

Nach dem Gespräch bin ich ziemlich erschöpft. Es hat ganz schön lange gedauert, aber zum Schluss geben wir uns die Hand und sagen „Gut, dass wir mal geredet haben. Jetzt kennen wir uns wenigstens."

Und dann bin ich zu meinem Auto und hab den Zettel weggemacht. Mein Scheibenwischer war natürlich nicht kaputt und ja, das Auto stand echt schief und ungeschickt im Hof....

Es gibt Menschen und Dinge, die erscheinen einem so groß und so furchteinflößend, dabei sind sie das gar nicht. Und manchmal steht man ganz schön bescheuert da, wenn man merkt, wie groß man sich das vorgestellt hat.

Ich kenne das gut, denn als Kind habe ich nach dem Mittagessen immer die Hausaufgaben am Esszimmertisch gemacht. In der Küche hat meine Mutter aufgeräumt und dabei Radio gehört. Und jeden Tag hörte ich so nebenbei von der Autobahn

A5. Weil jedes Mal in den Verkehrsnachrichten von dieser Autobahn die Rede war. In meiner kindlichen Phantasie hat sich nach und nach die Vorstellung gebildet: Das muss aber eine tolle und große Autobahn sein, wenn jeden Tag über sie berichtet wird.

Nach vielen Jahren konnte ich selber Auto fahren und fuhr das erste Mal auf der A5 um festzustellen: Die Autobahn ist gar nicht so toll und groß – im Gegenteil! Saublöd, wie man sich manche Sachen großdenkt.

Zum Glück habe ich ja inzwischen dazugelernt, mir ein eigenes Bild gemacht. Im Fall der Autobahn war das einfach. Manchmal ist das schwieriger. Bei Menschen zum Beispiel. Manche tun nämlich nur groß und sind es nicht. Andere sind es wirklich.

Als Jugendlicher habe ich zur Konfirmation einen Denkspruch bekommen: Da sagt Jesus: Einer ist euer Meister, ihr seid aber Brüder und Schwestern. Für mich heißt das eben: Du musst dir Dinge und Menschen nicht so groß vorstellen, dass du voller Ehrfurcht zu ihnen aufschaust. Nur Gott ist groß. Allem Anderen kannst du auf Augenhöhe begegnen. Und Autobahnen sind – wenn das mit unserem Verkehr so weitergeht – sowieso immer zu klein.

Sie dürfen die Braut jetzt küssen." Das sag ich, als Pfarrer bei Trauungen NIE! Ehrlich, auch wenn das manche Brautpaare gerne hätten.

Ganz früher war es allerdings üblich, dass der Pfarrer nach Trauung und Segnung zum Bräutigam sagte: Sie dürfen die Braut jetzt küssen! Und das hatte auch seinen Grund. Damals hat sich das Brautpaar nämlich tatsächlich zum ersten Mal bei der Hochzeit geküsst. Und mit der Kusserlaubnis war natürlich auch die Erlaubnis verbunden, Sex miteinander haben zu dürfen. Das war ja nicht erlaubt. Wehe, wenn vor der Hochzeit Nachwuchs unterwegs oder sogar schon geboren war, dann durften die Frauen nur in Schwarz heiraten. Und nicht in Weiß, der Farbe der Unschuld. So war das früher.

Heute küssen sich die Brautpaare im Gottesdienst und davor und sie halten es mit dem Sex wie sie wollen. Das ist ihre Sache. Da hat Kirche auch nichts vorzuschreiben, finde ich.

Wenn ich aber mit den Brautpaaren vor der Trauung rede, frage ich oft, wie sie miteinander reden. Und sage, dass Sex auch eine Art ist, mit einander zu sprechen. Kommunizieren mit dem Körper und mit allen Sinnen. Für mich gehört zu einer guten Ehe, dass man mit allen Sinnen zuhört und mit allen Sinnen miteinander spricht. Und das kann gut gehen oder auch nicht. Und wenn es noch nicht so gut geht, dann kann man das lernen. So wie beim Reden mit Worten. Kann man auch lernen.

Wenn die Bibel davon erzählt, dass zwei Menschen miteinander Sex haben, dann heißt es: Sie haben sich erkannt. Und ich finde, das stimmt: Wir erkennen uns, wenn wir mit einander sprechen. Ob nun mit Worten oder mit allen Sinnen. Und eben auch im Küssen.

Mit meiner Frau rede ich viel. Eigentlich den ganzen Tag, wenn wir uns sehen. Und ich fände es sehr seltsam, wenn es anders wäre. Wenn ich zum Beispiel nur noch mit ihr reden würde, wenn ich was von ihr will. Also, den Einkauf aus dem Auto räumen, meine Wäsche waschen oder mit mir ein Regal aufstellen. Ich fände es echt schräg, wenn ich immer nur sagen würde: "Hilf mir mal eben". Und wenn wir den Rest des Tages stumm nebeneinander her leben würden. Stumm miteinander Essen und stumm abends ins Bett gehen. Oder wenn wir ohne ein Wort das Haus betreten und verlassen würden.

Was wäre unser Leben ohne die Frage: Was hast Du heute so erlebt? Oder: „Stell dir vor, was mir die Nachbarin gerade verraten hat." Nie würde ich davon berichten, dass ich gerade fröhlich oder traurig bin. Nur in den Momenten, in denen meine Frau, mir bitte helfen soll, da würde ich was zu ihr sagen und das Wort ergreifen.

Das wäre wirklich ein seltsames Zusammenleben! Und ich habe mir das alles mal konkret so vorgestellt, weil mir vor kurzem jemand gesagt hat: Ich bete nicht regelmäßig zu Gott. Nur einmal, da hab ich es versucht. Da habe ich mit Gott geredet, als ich Hilfe gebraucht hab. Aber da ist nichts draus geworden. Schade natürlich, aber ich habe dann doch gedacht: Vielleicht ist das mit Gott auch so wie mit meiner Frau.

Wir reden regelmäßig miteinander – zum Glück. Ich erzähle ihr, wie es mir geht und frage, wie es ihr geht und wenn wir essen, dann geht das munter hin und her am Tisch. Und wenn ich meine Frau um etwas bitte und sie mir nicht helfen kann, dann gibt es noch viele Möglichkeiten für uns, das zu verstehen, warum da gerade nichts geht oder dass wir das einfach gemeinsam durchstehen. Und vielleicht ist es dann letztlich gar nicht so schlimm, dass sie mir nicht helfen kann oder ich ihr. Hauptsache, wir reden miteinander.

Meditieren Sie?" wurde ich von meiner Physiotherapeutin gefragt. "Naja", antwortete ich, "ich nenne es beten." Aber das ist natürlich nicht so ein Sportmeditieren, mit Matratze und bequemer Schlabberhose. Ich bete meistens im Sitzen oder im Stehen. Auch im Liegen im Bett und manchmal im Knien. Ob das bei meinen Verspannungen hilft, weiß ich nicht.

Was das Meditieren und das Beten allerdings verbindet: Es braucht Zeit und ich muss warten können. Denn weder beim Meditieren noch beim Beten kann ich etwas mit Gewalt herbeizwingen.

Das kann einen Nerven kosten und den Mut verlieren lassen. Und vielleicht hat deshalb Jesus seinen Freunden eine Geschichte über das Beten erzählt, die aber auch gut zum Meditieren passt, finde ich.

Da war nämlich ein Mann, der bekam unerwartet in der Nacht Besuch. Natürlich musste er dem Gast etwas zu Essen anbieten, aber er hatte nichts. Also ging er zu seinem Nachbarn und klopfte an die Tür, ob er ihm wenigstens etwas Brot geben könnte. Aber der Nachbar war schon im Bett und hatte keine Lust aufzustehen. Pech gehabt. Jesus meint dazu: Beim Beten kann es so sein, dass man das Gefühl hat, Gott schläft und hat keine Lust aufzustehen. Aber allein, wenn man nervig genug ist, wird sich doch was tun. So wie bei dem Nachbarn in der Geschichte. Denn der ist dann doch irgendwann aufgestanden und hat dem Mann Brot gegeben, damit er endlich weiterschlafen konnte

Ich finde, das ist eine Mutmachgeschichte fürs Beten und vielleicht auch fürs Meditieren. Es dauert manchmal eine Weile. Aber wenn man lange genug dran bleibt, dann wird etwas passieren. Eines allerdings steht noch offen. Nach der Geschichte sagt Jesus nämlich diesen einen berühmten Satz: Bittet, so wird euch gegeben! Und das heißt zwar, dass mir etwas gegeben wird, aber es heißt nicht, dass mir das gegeben wird, was ich erbeten habe.

Ob Beten nun bei meinen Verspannungen hilft, bleibt also weiterhin offen. Ich bleibe dran am Beten, aber ich befürchte, dass es doch wieder die Übungen von meiner Physiotherapeutin sein müssen.

Ich finde es ja am besten, nackt in ein Gespräch zu gehen. Zumal in ein schwieriges. Also, ich meine nicht ohne Kleider. Aber ohne Unterlagen, ohne Hilfsmittel und ohne mir schon alles im Kopf zurecht gelegt zu haben.

Warum ich aber nackt sage, hat mit Adam und Eva zu tun. Weil die auch nackt waren. Und die Geschichte in der Bibel erzählt: Als sie noch nackt waren, da hat das mit dem Gespräch zwischen Gott und den beiden gut geklappt. Vor allem: Sie hatten keine Angst vor Gott.

Erst nachdem sie vom Baum der Erkenntnis genascht haben, merkten Sie: Wir sind ja nackt! Und sie hatten Angst vor Gott und da haben sie sich das berühmte Feigenblatt umgebunden.

Oft habe ich schon erlebt, dass alle Unterlagen und alle zurechtgelegten Worte eben nur das sind:

Feigenblätter dafür, dass ich Angst vor einem Gespräch habe, weil ich nicht weiß, was ich da zu erwarten habe.

Ich habe aber gemerkt: Wenn ich nackt in ein schwieriges Gespräch gehe, dann kann ich mich nicht verstecken. Das ist ganz schön aufregend, aber ich habe inzwischen gelernt: So kann ich viel besser zuhören. Und Zuhören ist sowieso oft viel wichtiger, als zu reden.

„Wer hat euch eigentlich gesagt, dass ihr nackt seid?" Fragt Gott, Adam und Eva. Und ich denke: ‚Wer hat mir eigentlich eingeredet, dass ich ohne meine Unterlagen und vorformulierten Worte ein schwieriges Gespräch nicht überleben würde?'

Meine Erfahrung, vor allem wenn ich mit Trauernden spreche: Das meiste ergibt sich aus der Situation. Und nein: Ich bleibe nicht stumm. Auch wenn meine Worte oft nur gestammelt sind. Aber das macht nichts – denn es ist ehrlich. Und das ist immer besser als irgendein Feigenblatt.

Das Wasser trägt

Ein glatter und flacher Kieselstein liegt in meiner Hand. Das Wasser des Sees ist ruhig – ideale Bedingungen um den Stein im See ditschen zu lassen.

Wie oft werde ich es wohl schaffen, diesen Stein von der Wasseroberfläche hochspringen zu lassen, bei diesen perfekten Bedingungen? Dreimal? Viermal? Geht es überhaupt einen Stein fünfmal ditschen zu lassen?

Der Stein liegt gut in der Hand. Er ist von der Sonne noch warm und plötzlich werde ich ängstlich. Was wenn ich nicht im richtigen Winkel werfe oder mit der falschen Drehung oder Geschwindigkeit? Dann ditscht er vielleicht nur einmal und verschwindet für immer auf dem Grund des Sees.

Schon seltsam, aber ich kenne den Gedanken: Bevor ich etwas Falsches mache, mache ich es lieber gar nicht.

Ich entdecke einen anderen Stein. Nicht so perfekt wie der erste, aber der wird auch schön fliegen. Ich werfe. Zweimal schön geditscht.

Der perfekte Stein ist immer noch in meiner Hand. Soll ich? Aber, wenn ich ihn werfe, dann werfe ich ja den perfekten Stein weg! Für immer! Ich zögere weiter.

Völliger Quatsch bei so einem Stein, aber so ist das, wenn ich entscheiden muss, vor allem, wenn eigentlich alles klar zu sein scheint. Eine Freundin hat mir mal einen Bibelvers geschenkt: Gott hat uns den Geist der Kraft, Liebe und Besonnenheit gegeben, nicht den Geist der Furcht. Steht bei mir im Esszimmer als Kunstwerk.

Alles ist perfekt. Der Stein, der See. Es geht um nichts und trotzdem zaudere ich. Ich wiege den Stein nochmal in der Hand und erinnere mich, was mir meine Freundin geschenkt hat: „Nicht Furcht, sondern Kraft, Liebe und Besonnenheit". Dann werfe ich...

Ist gut!